Absinthe
Die Wiederkehr der Grünen Fee

Dieses Exemplar der limitierten
und nummerierten Sonderausgabe
für den Grünen Engel, Heidelberg
www.absinthemonde.de
trägt die Nummer

212 /300

Die Areuse zwischen Môtiers und Boveresse, Val-de-Travers, 2006

Absinthe
Die Wiederkehr der Grünen Fee

Geschichten und Legenden eines Kultgetränkes

Mathias Bröckers, Chris Heidrich, Roger Liggenstorfer

NACHTSCHATTEN VERLAG

Impressum

Verlegt durch:

NACHTSCHATTEN VERLAG AG
Kronengasse 11
CH-4502 Solothurn
Tel: 0041 32 621 89 49
Fax: 0041 32 621 89 47
info@nachtschatten.ch
www.nachtschatten.ch

Umschlaggestaltung und Layout: Sven Sannwald, Solothurn

Lektorat: Christoph Heyn, Hannover

Korrektur: Barbara Blankart, Solothurn; Nina Seiler, Zürich

Druck: Druckerei Uhl, Radolfzell

Printed in Germany

ISBN 978-3-03788-151-4 Softcover
ISBN 978-3-03788-153-8 Hardcover (limitiert und nummeriert)

Gewidmet Charles Henri Comte
15.8.1889 – 28.1.1973
dem fahrenden Absinthe-Händler aus
dem Jura und Grossvater von
Roger Charles Liggenstorfer

Charles Henri Comte und sein Messerschmidt, mit dem
er die Restaurants im Jura mit Absinthe belieferte

Inhalt

Grosser Wermut

Vorwort

«Nach dem ersten Glas siehst Du die Dinge wie Du wünschst, dass sie wären. Nach dem zweiten siehst Du die Dinge, wie sie nicht sind. Zum Schluss siehst Du die Dinge, wie sie wirklich sind, und dies ist das Schrecklichste auf der Welt.»

«Das erste Stadium ist wie normales Trinken, im zweiten fängt man an, ungeheuerliche, grausame Dinge zu sehen, aber wenn man es schafft, nicht aufzugeben, kommt man in das dritte Stadium, in dem man Dinge sieht, die man sehen möchte, wundervolle, sonderbare Dinge.»

Oscar Wilde

Diese beiden oft genannten Zitate veranschaulichen auf vortreffliche Weise die Ambivalenz der Zuneigung und Ablehnung gegenüber dem Absinthe. Sein legendärer Ruf bewegt sich zwischen geschätztem Heilmittel und hartnäckigen Gerüchten, es sei ein Teufelszeug, das zu Abtreibung und Wahnsinn führe.

Kaum ein alkoholisches Getränk hat in seiner Vergangenheit eine derart grosse Fülle an Mythen und Legenden hervorgebracht wie der Absinthe. Lange verfemt und verboten, ist er heute als Kult-Getränk wieder in aller Munde.

Der Hauptbestandteil dieses Getränkes, der Wermut, mit lateinischem Namen Artemisia Absinthium, zeigt auch den Bezug zur griechischen Göttin der Jagd und Erdenmutter, Artemis, auf. Der Name der «Grünen Fee» spiegelt diesen archaischen Naturbezug bis zur heutigen Zeit wider. Dieses Synonym für den Absinthe ist jedoch wie viele andere Geschichten rund um dieses Getränk mit zahlreichen Mythen verbunden. Einige Quellen ordnen die erste Erwähnung der «Grünen Fee» Oscar Wilde zu, andere erkennen darin einen Bezug zur Feenlandschaft des Val-de-Travers (dem Ursprungsort der «Entdeckung» des Absinthe). Ein Ort in diesem Tal heisst auch heute noch La Côte-aux-fées. Aber auch die bei manchen Absinthes leichte Grünfärbung mag zum Namen beigetragen haben. Oder ist er gar der aphrodisierenden Wirkung und dem Erscheinen der Grünen Fee im Absinthe-Rausch zuzuschreiben …?

Aber der Absinthe unterscheidet sich in weiteren Bereichen von gängigen Spirituosen. Nahezu ein Jahrhundert lang war er in den meisten europäischen Ländern, in den Kolonien Europas und in den USA verboten. Nicht zuletzt, weil ihm im Gegensatz zu anderen alkoholischen Getränken eine psychoaktive und halluzinogene Wirkung nachgesagt wird. Vor allem der Hauptwirkstoff des Wermuts, das Thujon (siehe Seite 53), das im Hirn an den selben Rezeptoren andockt wie das THC im Marihuanas, wird für die kreativ-entspannende Wirkung verantwortlich gemacht, die sich bereits die Künstler der Bohème-Zeit um 1830 zu Nutze machten (siehe Seite 27).
Seit der Absinthe in der EU (1991 bzw. 1998) und seit 2005 in der Schweiz wieder legal ist, hat sich einiges getan. Absinthe wird überall als Kult- und Partygetränk umjubelt, Geschichten und Rituale werden beschrieben und die Legenden rund um die Entstehung und das Verbot weitergesponnen. Internetseiten und Foren entstehen, Absinthe-Veranstaltungen wie die Absinthiade in Pontarlier (F) oder das Absinthefest in Boveresse sowie die Absinthe-Tage in Solothurn (beide CH) werden organisiert und Schau-Destillationen bei diversen Volksfesten sind zu bestaunen.
Die clandestinen Absinthe-Destillateure und Historiker aus dem Val-de-Travers waren (und sind zum Teil noch immer) gegen die Legalisierung, weil sie befürchten, dass der Kult und der Mythos der Grünen Fee verloren gehen könnten.
Oder wie es der Historiker Pierre-André Delachaux aus Môtiers beschreibt: «Die Legalisierung des Absinthe kommt einem zweiten Tod der Grünen Fee gleich.» Andererseits hat er nichts dagegen einzuwenden, wenn der Absinthe als solcher endlich rehabilitiert wird. Die Befürchtungen gehen dahin, dass Absinthe zu einem profanen Getränk wird, das in jedem Supermarkt erhältlich sein wird, und dass damit nicht nur die Qualität, sondern auch das Ritual verloren gehen.
Diese Ängste sind sicher nicht von der Hand zu weisen. Denn schon heute stehen in den Supermarktregalen Absinthe-Flaschen, und einige Rituale werden im wahrsten Sinne des Wortes verwässert. Seitdem der Absinthe in der EU legalisiert wurde, kommen vermehrt Sorten auf den Markt, die nur noch den Namen auf dem Etikett tragen, sonst aber mit dem echten und ursprünglichen Absinthe wenig gemein haben. Diese minderwertigen Kopien schädigen den Ruf der Grünen Fee wesentlich mehr, als ein Original-Absinthe aus dem Val-de-Travers, der in einer Ladenkette auftaucht.

Insofern scheint es enorm wichtig, dass sich das Original den Markt wieder zurückerobert, der ohne die Legalisierung in der Schweiz noch länger von schlechten Kopien besetzt worden wäre. Es ist also im Sinne einer Qualitätskontrolle und der Erhaltung der echten Kultur wichtig, dass dem Absinthe aus der Region des Val-de-Travers möglichst bald das AOC-Label vergeben wird (siehe Seite 48).
Allgemein ist aber glücklicherweise festzuhalten, dass die Qualität wieder steigt, seit nun auch wieder die speziellen Pflanzen aus dem Val-de-Travers verwendet werden dürfen – im Gegensatz zu importierten, getrockneten Kräutern.

Mit diesem Buch wollen die Autoren den diversen Mythen und Legenden klare Fakten entgegenhalten, den Stand der Forschung vermitteln und den sagenumwobenen Geschichtsschreibungen in einigen Büchern Tatsachen gegenüberstellen (siehe Seite 23). Beim Studium der vielen unterschiedlichen Quellen war es schon erstaunlich, wie sich die Entstehungsgeschichten zum Teil gegenseitig widersprechen und ohne Logik oder Überprüfung gebetsmühlenartig niedergeschrieben wurden. Dieses Buch soll aber auch der Kulturpflege dienen, dem Missbrauch entgegenwirken und dem Absinthe den Stellenwert zurückgeben, den er verdient hat: Als ein geschichtsträchtiges Getränk mit einer spannenden Vergangenheit und heilsamen wie vergnüglich berauschenden Komponenten.
Richtig genossen ist Absinthe keineswegs gefährlich. Ganz im Gegenteil: Die grüne (Kräuter-) Fee wirkt sehr belebend und kreativitätssteigernd. Aggressionen, wie sie mit anderen Alkoholika oft in Verbindung gebracht werden, habe ich in den Absinthe-Bars noch nie erlebt. Die sanftmütige und weiche Persönlichkeitsstruktur der Absinthe-Hersteller aus dem Val-de-Travers spricht jedenfalls für sich.
A votre santé!

Roger Liggenstorfer und Chris Heidrich, Travers im September 2006

PS: So wie wir Absinthe in diesem Buch schreiben, entspricht es der französischen Schreibweise. Auf Deutsch schreibt man «Absinth». Da der Ursprung dieses Getränkes in einer frankophonen Region liegt, halten wir uns deshalb auch sprachlich an das Original.

Geschichte des Wermuts – Von der Antike bis zum Mittelalter

Roger Liggenstorfer

«Whiskey und Bier sind für Idioten. Absinthe besitzt die Kraft der Magier; Absinthe kann die Vergangenheit auslöschen oder erneuern und die Zukunft annullieren oder voraussagen.» Ernest Dowson

Wermut war schon früh in der Menschheitsgeschichte als Heilkraut bekannt und fand bereits 1600 Jahre vor unserer Zeitrechnung bei den Ägyptern Verwendung. Vor rund 2000 Jahren soll es bereits ein mit Früchten und Honig – wohl zur Reduktion des bitteren Geschmacks – angereichertes Wermutbier gegeben haben. Auf Darstellungen der Isis-Priesterin ist oft Artemisia Absinthium dargestellt, was ebenfalls auf einen kultischen Zweck schliessen lässt.
Bei den Griechen des Altertums war Wermut ein allumfassendes Heilmittel und ein Aphrodisiakum. Hippokrates und Pythagoras waren die appetitanregenden und verdauungsfördernden Eigenschaften bekannt. Auch die Steigerung der Kreativität haben die beiden in vollen Zügen genossen.
Nicht von ungefähr kommt der Name Artemisia Absinthium von der griechischen Göttin Artemis, der Göttin der Jagd und der Fruchtbarkeit: Sie war als Erdenmutter für die Tiere und die Natur zuständig. Als Begleiterin der Frauen beschützte sie diese von der Geburt über die Fortpflanzung bis zur Abtreibung. Artemisia hiess auch «Mutter der Kräuter», doch die Ursprungsbedeutung könnte ebenso auf griechisch «artemes» (frisch, gesund) zurück gehen.
Bei den Römern ging die bekannte Anwendung als Heilmittel weiter. Wermut wurde gegen Seekrankheiten und Wurmerkrankungen eingesetzt. Auch hier benutzte man das vielseitige Kraut teilweise als Alternative zur Abtreibung mit Salbei.

Von Plinius (23 – 79 n.u.Z.) war bekannt, dass er einen mit Wermutextrakt versetzten Wein herstellte. Offenbar waren die thujonhaltigen Getränke bereits

damals bekannt und verbreitet. Weil man die Wasserdampfdestillation noch nicht kannte, wurden sie durch Auskochen der Pflanzenteile hergestellt.
Wermut fand auch in der Bibel Erwähnung und wurde wegen seiner Bitterkeit auch als Gift gebrandmarkt (biblische Apokalypse, Offenbarungen des Johannes). Eine Geschichte, die von späteren Absinthe-Gegnern gerne als Argument herangezogen wurde.
Das Mittelalter war die Zeit der Alchemie und der von ihr entwickelten Destillation. In England entstanden Biere, die mit Wermut versetzt waren und die Wirkung des Thujons entfalteten. Da auch der Aberglaube in dieser Zeit weit verbreitet war, erstaunt es nicht, dass der aromatisch starke Wermut – um den Hals getragen – böse Blicke abwehren, Neugeborene vor unholden Wesen behüten und sogar das Vieh im Stall vor Verzauberungen schützen sollte. Sogar vor der Pest sollte Wermut Schutz bieten.
Hildegard von Bingen (1098–1179), eine bekannte Kräuterfrau und Benediktinerin, setzte Wermut (von ihr «Wermuda» genannt) gegen viele Leiden ein. So wurde das Heilkraut gegen Kopfschmerzen, Brustschmerzen, Husten, Melancholie, Erschöpfung, aber auch als Stärkung für Herz und Lunge sowie zur Reinigung der Eingeweide, als Magenwärmer und Verdauungsförderer verabreicht.
Leonhart Fuchs (1501–1566), einer der bedeutendsten humanistischen Mediziner des 16. Jahrhunderts, beschrieb Wermut als magenstärkend und verdauungsfördernd, ebenso wie der Kräutergelehrte, Arzt und Botaniker Hieronymus Bock (1498–1554), der deutlich zwischen innerer und äusserer Anwendung unterschied. Die erste umfassende botanische Systematik der verschiedenen Wermutarten wurde 1588 im «New Kreuterbuch» von Jacob Theodor, alias Tabernaemontanus (1522–1590), beschrieben. Später wurde die Gattung «Absinthia» beim schwedischen Naturwissenschaftler Carl von Linné (1707 – 1778) in seinem umfassenden Werk «Systema Naturae erwähnt», das die binäre Nomenklatur begründet, die Grundlage der Benennung der Arten und Klassifikation des Pflanzenreiches.

Einige der wichtigsten medizinischen Anwendungen, die bereits seit dem Altertum bekannt sind:

- Gallige Bauchschmerzen vertreibend
- Verdauung anregend
- Den Körper erwärmend
- Gelbsucht bekämpfend
- Würmer tötend
- Den Atem frisch machend
- Pilzvergiftungen behandelnd
- Versiegte Menstruationen wieder zum Fliessen bringend
- Haarausfall aufhaltend
- Kreativität steigernd
- usw

Artemis, Griechische Göttin der Fruchtbarkeit

Ein Geschenk an die Götter

Sergius Golowin

«Die Grüne Fee ist der Zaubertrank, der dem Leben seine feierliche Färbung gibt und seine dunklen Tiefen aufhellt.» Charles Baudelaire

Schon im Altertum galt die Pflanze Wermut als ein Geschenk der Götter. Der Astrologe und Botaniker G.W. Surya fasst zusammen: «Es gibt Kräuterkundige, die sogar behaupten, dass, wer täglich nüchtern nur ein Achtelliter Wermuttee ungezuckert trinkt, von sämtlichen (!) Krankheiten geschützt sei.» Man brauche diesen Tee nur 2-3 Minuten lang zu kochen und nimmt dafür die Blätter und Blüten der Pflanzen (Surya 1960).

Nach einer schönen Legende hat Christus, der Retter der Menschheit, den Wermut noch am Kreuz erschaffen. Das Kraut war ihm «einmal zur Stärkung des Leibes und wieder zum Troste der Seele» unersetzlich. Seine «gesegnete Bitterkeit» durchdringe unser ganzes inneres Wesen «mit Kraft und Milde» (Zimmerer 1896).

Auch die aus allen Ländern kommenden und in Europa herumwandernden «Stadtzigeuner», besser bekannt als Bohème, sammelten ihre persönlichen Absinthe-Erfahrungen: So der Gespenstergeschichten-Erzähler Poe, der Russe Dostojewski, und der in seinen Lebensversuchen masslose Schwede August Strindberg. Letzterer schwärmte: «Ein guter Absinth tröstet mich einige Minuten lang» (Strindberg 1914).

Überwindung der Bitternis

Gelegentlich gibt es die volkstümliche Deutung, nach der Benennung der Wermutpflanze ganz einfach vom Ausdruck «Wer Mut» kommt. Das wäre sozusagen die Beantwortung der Frage: «Wer hat Mut, sein Dasein stets munter und kühn fortzusetzen und es trotz allen Hindernissen und Mühen siegreich zu bestehen?»

Das «besonders bittere Kraut» wäre damit das sichere Gegengift wider sämtliche Schwierigkeiten. Es würde, mit Vorsicht genossen, sogar unsere «Seele reinigen und das austreiben, was unser Bestehen erschweren kann». Der stets erneuerte Lebensmut rinnt damit durch die Adern. Der Mensch kann dank diesem Mittel seinen Weg in die Zukunft weiterführen. Also wurde Getränken, die man vor einer wichtigen Handlung genoss, bewusst ein Zusatz beigemischt, der eine Schattenseite und einen drohenden Nachteil wegtreiben konnte. Es gab z.B. Wermutbier, Wermutwein und Ähnliches.

Worte wie Wermut und andere Namen des «Wurmkrauts» verband man eben gern mit Bezeichnungen des Wurms. Dies waren nicht nur solche für die mannigfaltigen körperlichen Krankheitserreger, sondern ebenso für seelische Befindlichkeiten. Man sagte z.B. früher gern – «im Herzen (von jemand) nagt ein Wurm» – und meinte damit einen geheimen Kummer.

Postkarte um 1900 (Kollektion Peter Schaf)

Anis

Der Ursprung des Absinthe

Roger Liggenstorfer

«Absinth schmeckt wie Gewissensbisse. Er hat genau denselben Geschmack und stillt dennoch den Durst.» (Ernest Hemingway)

Um die Entdeckung des Absinthe ranken sich viele Legenden. Insbesondere im frühen 18. Jahrhundert basieren diese auf Quellen, die ähnlich trübe sind wie das Getränk selbst.

Der eigentlichen Entdeckung gingen diverse Liqueure auf der Basis von Wermut voraus, die Mitte des 18. Jahrhunderts hergestellt wurden. Aus dem Jahre 1737 ist ein Beleg eines Restaurants in Neuenburg bekannt, bei dem «21 Batzen für sieben Gläser frischer Wein mit Absinthe» bezahlt wurden. Allerdings war dies lediglich ein Absinthe-Wein und noch kein Destillat. Im Jahre 1769 wurde in einer Zeitungs-Annonce in Neuenburg erstmals ein «Extrait d'Absinthe» erwähnt, der vom Confiseur M. Heinzely angeboten wurde (beide Zeugnisse sind im Staatsarchiv von Neuenburg aufbewahrt). Im Januar 1777 wurde im Rahmen eines Banketts in Boudry bei Neuenburg für «Herren der Justiz» ein «extra d'apessinte» als Digestif zur Verdauung gereicht. Absinthe wurde zu dieser Zeit also bereits in Gasthäusern serviert.

Die Wirkungen des besonderen Extraktes sprachen sich bereits in dieser Zeit weit über die Grenzen des damaligen «Fürstenthums Neuenburg» herum. Und so wundert es nicht, dass ein Arzt namens Dr. Pierre Ordinaire, der sich 1768 angeblich auf der Flucht vor der französischen Revolution in Couvet im Val-de-Travers niederliess, davon erfahren haben soll. Um es aber gleich klarzustellen: Ob es diesen «ordinären» Arzt, der dieses aussergewöhnliche Getränk unter das Volk gebracht haben soll, tatsächlich gab, ist unklar. Denn es gibt nur ebenso ungenaue wie widersprüchliche Aussagen zur Existenz dieses als seltsam beschriebenen Doktors, der angeblich auf seinem Pferd durch das Tal ritt. Tatsache ist, dass in Couvet, zufälligerweise in der Nachbarschaft dieses angeblichen Arztes ohne nachweisbare Niederlassung, in einem der Dörfer des Val-de-

Travers eine kräuterkundige Frau namens Henriette Henriod lebte. Diese postalisch dokumentierte «mère» Henriod gab dann gemäss diverser historischer Quellen das erste Rezept an Henri-Louis Pernod weiter, der ihr für jede Destillation als Gegenwert einige Liter Absinthe vermachte.
Wenn man sich diese Zeit Mitte des 18. Jahrhunderts vergegenwärtigt, kann man gut verstehen, dass eine «Kräuterhexe» sich nicht als Herstellerin eines solch potenten Heilmittels und beliebten Getränkes zu erkennen geben wollte – und sich die Legende mit dem «gewöhnlichen» Arzt für eine nette und nachhaltige Geschichte eigentlich anbot. Beim Studium der historischen Zeugnisse fallen die gegensätzlichen und unstimmigen Jahreszahlen auf, insbesondere die unklaren Geburtsdaten der angeblichen Töchter der «mère» Henriod, die 1797 das Rezept bekommen und es an Daniel-Henri Dubied verkauft haben sollen. Einerseits waren sie gar nicht die Töchter von Madame Henriod, andererseits wären sie zur fraglichen Zeit gerade mal zwischen 5 und 8 Jahre alt gewesen. Auch die Geschichte, dass Dr. Ordinaire bei seinem Tod das Rezept seiner Haushälterin vermacht haben soll, ergibt wenig Sinn. Denn im angeblichen Todesjahr (1821) gab es im Val-de-Travers wie in Pontarlier bereits einige grosse Destillationsbetriebe (Delachaux 1997).
Es ist eher anzunehmen, dass «mère» Henriod bereits beim Rezept für den Confiseur Heinzely und für das Bankett in Boudry zuständig war. Zumal auch Major Dubied, bevor er mit Henri-Louis Pernod 1797/98 die ersten Destillationen herstellte, bereits 1793 laut einem Bucheintrag «60 pots extrait d'absinthe à 6 batz» eingekauft hat. Zum Leidwesen der Chronisten geschah dies ohne Hinweis auf die Hersteller oder Verkäufer, aber mit genauen Mengen- und Preisangaben! Es besteht die Vermutung, dass die Quellen der Absinthe-Hersteller geheim bleiben sollten, insbesondere jene von Kräuterfrauen. Die Geschichte mit dem «gewöhnlichen Arzt» macht jedenfalls Sinn – und passt gut in die Geschichtsschreibung der meist männlichen Historiker.

Die nachfolgende Entwicklungsgeschichte des Absinthe ist jedoch weitgehend belegt: Die Chroniken von Pernod belegen die erste professionelle Destillation in Couvet 1797. Nach den Chroniken von Dubied-Duval wurde diese erst 1798 eröffnet – dabei waren Pernod und Dubied-Duval damals noch eine gemeinsame Firma. 1805 begann Henri-Louis Pernod mit der ersten grossindustriellen Produktion in Pontarlier durch die Firmengründung «Pernod Fils». Kurz darauf entstanden weitere Destillationen, im Val-de-Travers wie in Pontarlier. Der eigentliche Aufstieg des Absinthe und damit auch der Beginn der Probleme erfolgte nach dem Algerienkrieg (1844 – 1847) in Frankreich. Pontarlier wurde in dieser Zeit zu einem eigentlichen Zentrum der Absinthe-Herstellung. 1905 wurden in rund 25 Destillerien mit rund 3000 Mitarbeitern jährlich um die 10 Millionen Liter Absinthe produziert. Dabei bürgten das Schweizer Kreuz auf den Etiketten und der Name «Absinthe Suisse» als Siegel bei den meisten Absinthe-Sorten aus Pontarlier für höchste Qualität.

Auch im Val-de-Travers florierte die Absinthe-Produktion und war damit ein wichtiger Wirtschaftsfaktor. 1906 wurden bis zu 62 Hektar kleiner und grosser Wermut, Ysop, Melisse und Minze angepflanzt. Gegen 600 Arbeitskräfte fanden dadurch Arbeit. Kurz vor der Prohibition waren 200 Personen in den 14 Brennereien beschäftigt, die bis zu 600'000 Liter Absinthe produzierten. Die von der Schliessung betroffenen Destillationsbetriebe wurden teilweise vom Bund entschädigt, die 40 Landwirtschaftsbetriebe hingegen kaum. Auch der Export in alle Welt blühte. Im Bauch der «Marie Thérèse», einem französischen Handelsschiff, das 1872 auf dem Weg nach Saigon vor dem chinesischen Meer sank, fanden Taucher im Frühjahr 1991 eine Flasche Absinthe aus dem Val-de-Travers – leider leer. Ursprünglich hatte die Marie Thérèse 500 Flaschen für die französischen Kolonialisten an Bord. Heute ist dieses besondere Fundstück im Museum von Môtiers zu bewundern.

Absinthe-Felder bei Boveresse, 1909

Melisse

Absinthe als Treibstoff der Moderne

Mathias Bröckers

«Massvolles Trinken von Absinthe und Rauchen von Haschisch erleichtern die künstlerische Arbeit.» (Honoré de Balzac)

Absinthe, wird man davon nicht blind? Wer heute Absinthe erwähnt, erntet als Antwort regelmässig diese erschrockene Frage. Dass Absinthe etwas Gefährliches ist, das zur Blindheit und zum Wahnsinn führt, dieses Vorurteil ist nahezu das Einzige, was sich im Volkswissen über die einst begehrteste Spirituose der Welt bis heute gehalten hat. Zumindest in den Regionen, wo der Absinthe fast ein Jahrhundert lang der Prohibition unterworfen war. Geschuldet war dieses Verbot aber vor allem dem gefälschten Absinthe.

So kam es zur Prohibition eines Getränks, das wie kein anderes die Künstler und Kreativen seiner Zeit inspiriert hatte und wohl nicht zufällig am Anfang dessen steht, was in Literatur und Malerei die «Moderne» genannt wird.

Das Bild «Der Absinthe-Trinker» von Édouard Manet sorgte 1859 auf dem Pariser Salon für einen Skandal. Nicht nur, dass es den neuen «Mode-Drink» Absinthe verewigte, den die von Napoleons Afrikafeldzügen zurückgekehrten Soldaten in den Cafés populär gemacht hatten. (Diesen wurde gegen die Malariagefahr eine Tagesration Absinthe verordnet.) Vor allem, dass Manet sich von der heroischen, moralischen Malerei verabschiedet hatte, sorgte für Empörung. «Wir müssen malen, was wir sehen», lautete Manets Motto. Und mit seinem lässig auf einer Mauer sitzenden Trinker hatte er das Leben so dargestellt, wie es wirklich ist. Die Bourgeoisie fühlte sich beleidigt, denn das Bild zeigte weder einen heruntergekommenen und bemitleidenswerten Säufer noch einen bürgerlichen Helden, sondern eine Figur, die beides in einem lässigen, stolzen Bohemien zusammenbrachte. Mit Manets Bild begann die große Ära des Absinthe in der Malerei, die einige Jahre später sogar für diplomatische Verwicklungen sorgte, als sein Kollege Edgar Degas mit einem Bild eines Pariser Cafés erregte Debatten und einen neuen Schub englischer «Francophobie» auslöste. Als «Szene eines Pariser Cafés» hatte Degas` Darstellung eines Absinthe trinkenden Paares 1876 noch wenig Aufsehen erregt. Als es aber 1893 unter dem Titel «Absinthe» in London gezeigt wurde, brach ein Sturm der Entrüstung los: Nach der «französischen Krankheit» (Syphilis) sahen sich die englischen Patrioten nun von «französischem Gift» bedroht und – einhergehend mit dem Absinthe – von Unmoral, Dekadenz und Morbidität. Mit Degas geriet auch der Romancier Emile Zola wieder ins Schussfeld, dessen realistische Romane in England wegen «Obszönität» bereits zensiert worden waren. Ins Visier rückte schliesslich der gesamte Einfluss der französischen Moderne auf die viktorianische Biederkeit.

Édouard Manet, Le buveur d'absinthe, 1859

Was mit den «skandalösen» Bildern von Manet und Degas begann, schlug sich in einer ganzen Welle von Gemälden ihrer Zeitgenossen und Nachfolger nieder. Die mit Absinthe verbrachten Stunden der «Grünen Fee» gehörten im Paris dieser Zeit zu den Selbstverständlichkeiten, und so ist es kein Zufall, dass die realistischen, neo-impressionistischen Künstler diesen eigenen Alltag in ihren Werken darstellten. Von Henri Toulouse-Lautrec über Vincent van Gogh und Paul Gaugin bis zu Pablo Picasso reichen die Namen der Malgenies, die dem milchigen, gelb-grünen Getränk nicht nur begeistert zusprachen, sondern es auch häufig malten. «Seine Bilder sind ganz mit Absinthe gemalt», sagte der Symbolist Gustave Moreau über die Gemälde Toulouse-Lautrecs, der wie kein anderer das «Sündenbabel» des Montmartre erlebt und illustriert hat. «Man sollte wenig trinken ... aber oft», empfahl Lautrec seinen Freunden und trug in seinem ausgehöhlten Gehstock sicherheitshalber immer eine Portion am Mann. Wohl auch, als er zusammen mit Paul Gauguin den einsiedlerischen, ebenso depressiven wie eruptiven und manischen Kollegen Vincent van Gogh in die Geheimnisse des Pariser Nachtlebens und der Kultur des Absinthe einführte. Kunsttheoretiker streiten bis heute, ob die «gelbe Periode» van Goghs auf seinen starken Absinthe-Konsum zurückzuführen sei, nachdem er auf Anraten von Lautrec dem wilden Pariser Bohemienleben nach Arles entflohen war. Zu seinem heute berühmten und tatsächlich wie in Absinthe-Farben gemalten «Nachtcafé in Arles» schrieb er: «Ich wollte die Idee ausdrücken, dass ein Café der Ort ist, wo ein Mann sich selbst ruinieren, verrückt werden oder ein Verbrechen begehen kann.» Was van Gogh, tief erschüttert über den Selbstmord des bewunderten Kollegen und Absintheurs Adolphe Monticelli, seinem Bruder Theo schrieb, kann sehr gut für ihn selbst gelten: «Du kannst sicher sein, dass der Selbstmord des Marseilleser Künstlers in keiner Weise ein Ergebnis des Absinthes war, aus dem einfachen Grund, weil niemand ihm einen anbot und er kein Geld hatte, sich einen zu kaufen ... Er trank ihn nicht zum Vergnügen, sondern weil er schon krank war, er brauchte ihn um in Gang zu bleiben.»
Als van Gogh kurz vor seinem eigenen Selbstmord kein Geld mehr hatte, trank er in seinem Atelier einen Viertelliter Terpentin und musste erneut in die Anstalt eingewiesen werden. Interessant an dieser tragischen Episode ist die Tatsache, dass im Terpentin ähnliche Substanzen enthalten sind wie das psychoaktive Thujon im Absinthe. Stoffe, die im Gehirn an denselben Rezeptoren andocken wie das THC des Cannabis. Hätte man den verarmten und depressiven van Gogh

ausreichend mit diesen euphorisch stimmenden Mitteln versorgt, er wäre, obwohl schon krank, vielleicht noch etwas länger in «Gang geblieben» ...

Wie auf die Maler übte die Inspiration der Grünen Fee auch auf ihre schreibenden und dichtenden Kollegen eine starke Anziehungskraft aus. Vor allem auf jenen ungehobelten Freak vom Lande, dessen Lyrik die Pariser Literatenszene 1871 aufmischte: Arthur Rimbaud. Zusammen mit seinem Mentor, dem Dichter Paul Verlaine, bildete er ein Duo, das fortan neben der Poesie, vor allem auf der Suche nach Exzessen war – Sex und Drogen, Haschisch und Absinthe. Über die Tatsache, dass der bewunderte Charles Baudelaire den «künstlichen Paradiesen» mittlerweile abgeschworen hatte – seine Abhängigkeit von Laudanum (Opiumtinktur) hatte die Freude an Stimulationen durch Haschisch und Absinthe überlagert und dauerhaft getrübt – ging der «Junge Wilde» Rimbaud hinweg. Für ihn war die «gezielte Verwirrung aller Sinne» eine Grundkonstitution jedes wirklichen Dichters. Nachdem Verlaine im trunkenen Zustand auf ihn geschossen hatte und für zwei Jahre ins Gefängnis kam, gab Rimbaud die Literatur auf und führte ein Leben als Abenteurer und Waffenhändler in der Südsee. Noch in seinem letzten Brief aber befürchtet der Freak unter den Bohemiens, der Punk unter den Decadents, der Höllen – und Trunkenheits-Poet unter den Literaten, auf fromm zurechtgestutzt zu werden: «Hinter meinem Rücken, d.h. wenn ich tot bin, wollen sie mich auf christlich schminken. Auf dem Krankenlager fängt bereits alles an ... Sie fahren einen ganzen Stosstrupp an Sedativa auf, um das aus mir herauszubekommen. Sie lassen mich winseln nach der Letzten Ölung ... Dann werden sie noch dreister: ‚Msr. Rimbaud, bremsen Sie Ihre Glossolalien. Diagnose: überhöhter Genuss von Absinthe und Haschisch. Wir wissen, wo und wie Sie verkehren!'» Verlaine hingegen liess sich auch von seinem «Engel» Rimbaud nicht dazu hinreissen, etwas anderes als Absinthe zu konsumieren. Haschisch und Opium waren für ihn «Gift». Gegen Ende seines Lebens vertrat er einen mystischen Katholizismus und schwor, mit allen Symptomen des schweren Alkoholikers auf dem Totenbett, auch noch der Grünen Fee ab: Absinthe müsse «hoch besteuert werden oder sogar verboten».

Die Bestrebungen dazu liefen 1896 schon auf vollen Touren, als eine neue Generation von Künstlern die Bühne betrat, für die freilich der Treibstoff der älteren noch immer erste Wahl war: Picassos «blaue Periode» beginnt 1901 mit einer melancholischen «Absinthetrinkerin» und 1914, sechs Monate nach seiner Bronzeskulptur «The Glass of Absinthe», setzt in Frankreich die Prohibition ein. Picasso, der mit Alkohol, Haschisch und anderen Drogen stets Mass zu halten wusste, wurde in seinen ersten Jahren in Paris stark von Alfred Jarry beeinflusst. Dessen Bühnenstück «Pere Ubu» hatte gerade das Theater revolutioniert, indem es das blosse Schauspiel in eine Konfrontation mit dem Publikum verwandelte. Für den Exzentriker Jarry, einen passionierten Radfahrer und Pistolenschützen, war Absinthe das «heilige Wasser» schlechthin, die «Essenz des Lebens», der er in gewaltigen Mengen zusprach: «Antialkoholiker sind Unglückliche in den Klauen des Wassers, dieses schrecklichen aggressiven Giftes, das von allen Substanzen zum Waschen und Putzen auserwählt wurde.» Von solchem schwarzen Humor geprägt ist auch die absurdistische «Wissenschaft des Partikulären», die er in seinem letzten Buch als «Pataphysik» beschreibt. Als Pionier des Surrealismus und des Situationismus, der Traum und Wirklichkeit, Realität und Unbewusstes sowie Leben und Kunst zusammenfliessen lässt, sah Jarry in der einzigartigen Wirkung des Absinthes ein methodisches Werkzeug, die notwendige Dekomposition der Wahrnehmung zu erreichen. Jarry öffnete der Kunst und dem Denken eine Linie, die von Picasso, über Marcel Duchamp und John Cage bis zu Philosophen des heutigen Paris wie Jean Baudrillard reicht : «Der pataphysische Geist ist der Nagel im Reifen – die Welt ein stinkiger Riesenbovist.»

Wir müssen an dieser Stelle nicht weiter ausführen, dass weder Absinthe noch irgendeine andere Substanz aus einem Wortschmied einen Dichter oder aus einem Anstreicher einen Maler machen. Wenn aber «ein Bauer, der Opium nimmt, nur von seinen Kühen träumt» (Baudelaire), dann kann sich ein Dichter mit solcher Medizin – wie der kranke Heinrich Heine in seiner «Matratzengruft» – zu den schönsten Liedern aufschwingen. Dass unter hunderten Spirituosen ausgerechnet dieser hochprozentige Likör aus Wermut von so vielen hervorragenden Künstlern und Kreativen geschätzt wurde, muss mit jenem Kräutergeist zu tun haben, den man in der Heimat des Absinthe, dem Val-de-Travers, «Die Grüne Fee» nennt und den die Wissenschaft als «Thujon» identifiziert hat. Dieses ätherische Öl wirkt auf das zentrale Nervensystem und dockt im Gehirn, wie schon erwähnt, an denselben Rezeptoren an wie der psychoaktive Wirkstoff des Hanfs, das Tetra-Hydro-Cannabinol (THC). An diesen Cannabinoid-Rezeptoren, die erst in den 1980er Jahren entdeckt wurden, verdrängt das Thujon das THC jedoch nicht. Der Wermutgeist hebt den Hanfgeist also nicht auf. Was die besondere Leidenschaft von Connaisseurs wie Arthur Rimbaud oder Oscar Wilde für die Kombination von Absinthe und Haschischpfeifen erklären könnte. Das krampflösende wie entspannende THC führt auf Dauer zur Müdigkeit, während Thujon anregend und in hohen Dosierungen krampfauslösend wirkt. Zusammen konsumiert und an der selben zerebralen Empfangsstation verarbeitet, scheinen diese beiden Substanzen im Gehirn einen gleichzeitig entspannten und angeregten Wachzustand zu erzeugen. Dies wird auch von einem langjährigen Cannabis-Raucher bestätigt, dem ich unlängst zum Geburtstag eine Flasche original Schweizer Absinthe zukommen liess und den ich um eine Einschätzung seiner Rausch-Erlebnisse bat: «Obwohl ich den ganzen Abend über kiffte, wurde ich nicht müde und war auch nach fünf Gläsern Absinthe (ohne Zucker, mit 5 Teilen Wasser verdünnt) noch völlig klar im Kopf. Anders als bei Gin, Rum oder anderem Schnaps in solcher Menge. Das Zeug scheint mir so etwas wie das Kokain unter den Alkoholika zu sein.» Was die geistige Klarheit sowie einen weniger eingeschränkten Gleichgewichtssinn betrifft, könnte auch ein Zitat des Absinthe-Liebhabers Ernest Hemingway in dieser Richtung gedeutet werden: «War letzte Nacht auf Absinthe. Habe Messertricks probiert.» Zur Nachahmung sei dies allerdings keinesfalls empfohlen. Überhaupt können die Trinkgewohnheiten von einigen der hier zitierten Künstler und «Kampftrinker» keineswegs als vorbildlich gelten. Von einer besonderen Absinthe-Abhängigkeit, wie sie im Zuge der Prohibitions-Bestrebungen im vorigen Jahrhundert als «Absinthismus» hervorgehoben wurden, ist heute indessen nicht mehr die Rede. Dass aber die Kräuterkräfte des Wermut und weiterer Pflanzenwirkstoffe nicht nur höchst bekömmlich auf den Magen wirken, sondern auch auf besondere Weise den Geist anregen, dieser Unterschied verschafft dem Absinthe seit seiner Entdeckung in der Tat eine Alleinstellung unter den Spirituosen. Aber den guten und wahren Zauber des Absinthe muss man suchen. Am ehesten kann man dabei in der eigentlichen Heimat der Grünen Fee fündig werden, dem Val-de-Travers im Schweizer Jura. Dort, so wiesen die Anti-Prohibitionisten schon vor hundert Jahren nach, werden die Menschen, die Absinthe mässig aber regelmässig konsumieren, älter als in anderen Regionen.

Edgar Degas, L'Absinthe, 1876

Der Weg zur Prohibition

Roger Liggenstorfer

«Absinthe ist die grüne Rute der Arbeiterklasse, die sie um ihre Würde gebracht hat.» (Karl Marx)

Ausschlaggebend für den Niedergang des Absinthe war ab Mitte des 18. Jahrhunderts ein Alkoholproblem in Frankreich, das zunächst 1862 im Rahmen einer Untersuchung des schwedischen Arztes Magnus Huss erkannt und benannt wurde. Für seine Arbeit und die erstmalige Bezeichnung des Alkoholismus wurde er von der Französischen Akademie ausgezeichnet. Später machten Zeitungen und Literaten, wie z.B. Emile Zola mit seinem 1877 erschienenen Roman «Der Schnapsladen», das Thema öffentlich. Die Anti-Alkoholbewegung, die 1871 vom Arzt Jean-Baptiste Barth ins Leben gerufen wurde und sich für ein allgemeines Alkoholverbot einsetzte, wurde immer stärker und gewann an Einfluss. Sie wurde bald auch von der Regierung anerkannt und unterstützt. Trotz enormer Anstrengungen und einer grossen Mitgliederzahl schaffte es diese aber über Jahrzehnte nicht, Entscheidendes zu verändern. Bis dann um die Jahrhundertwende die Academie de Médicine einige Gutachten veröffentlichte, die verlangten, dass von allen Alkoholika der Absinthe als Erstes zu verbieten sei.

Alle Proteste der Hersteller von Absinthe blieben genauso ungehört wie Einwände unabhängiger Experten, die auf die minimalen Mengen von Thujon in den gängigen Rezepten hinwiesen.

Mord im Waadtland

Der Mordfall Lantfray von Commuguy am Genfer See war dann die sehr willkommene Geschichte für alle Absinthe-Gegner. Diese wurde entsprechend emotional und politisch ausgenutzt. Parallel bekamen weitere Schauergeschichten vielstimmigen Auftrieb, bis hin zu den ersten Verboten (siehe «Historische Übersicht»). Lassen wir dazu den Historiker Pierre-André Delachaux zu Wort kommen: «Commugny ist eine kleine Gemeinde im Waadtland, oberhalb von Nyon. Die Einwohner sind alle Weinbauern, von Generation zu Generation. Erinnere dich daran, dann wirst du schnell verstehen ...

An einem Sommerabend des Jahres 1905 kommt ein Landarbeiter namens Lanfray von der Arbeit nach Hause. Er hat viel getrunken, seine Frau schimpft ihn ein bisschen aus, er wird wütend. Er holt sein Gewehr aus dem Schrank und erschiesst sie. Und als seine beiden kleinen Töchter anfangen zu schreien, schiesst er auch sie nieder. Dann richtet er seine Waffe gegen sich selbst, aber er zertrümmert sich nur den Kiefer. Ein schreckliches Verbrechen, bei dem ich nicht länger verweilen möchte. Aber hör dir die Folgen an. Am Tag nach dem Drama wird vom Bürgermeister des Dorfes eine Gemeindeversammlung einberufen, auf der die Einwohner feierlich beschliessen, eine Petition gegen den Absinthe zu lancieren. Denn natürlich konnte Lanfrey nur vom Absinthe betrunken sein ... Erst bei seinem Prozess kam heraus, dass er meistens täglich mehrere Liter Weisswein trank, zweifelsohne aus Commugny ... So wird Geschichte gemacht! Wo ist bei all dem der Absinthe im Spiel, ausser in den Köpfen der Leute, die vor lauter Angst, man könnte ihrem Wein die Schuld geben, einen Sündenbock suchen? Aber der Schaden ist nun einmal angerichtet: Die Petition wird im ganzen Kanton zirkulieren und landet vor dem Kantonsrat. Schliesslich kommt es zur Volksabstimmung, und die Waadtländer regulieren als Erste den Einzelhandelsverkauf von Absinthe – in Ermangelung eines totalen Verbotes, was Sache der Eidgenossenschaft wäre.

Währenddessen wird eine Initiative in der gesamten Schweiz eingeleitet, die das Verbot der Grünen Fee verlangt und mit 167'814 Unterschriften zustande kommt. Das Datum für die Abstimmung wird auf den 5. Juli 1908 festgelegt, und man bereitet sich fieberhaft darauf vor» (Delachaux 2002).

Diese Initiative, die zum Schweizerischen Nationalfeiertag am 1. August 1906 lanciert wurde, konnte bereits nach 6 Monaten am 31. Januar 1907 mit der oben erwähnten Unterschriftenzahl eingereicht werden. Der Bundesrat stellte sich gegen die Initiative. Der Stände- wie der Nationalrat hingegen unterstützten das Vorhaben. Am 5. Juli 1908 schliesslich wurde die eidgenössische Initiative vom Schweizer Volk und den Kantonen mit 241'078 Ja- und 132'669 Nein-Stimmen und von 23 Kantonen sowie Halbkantonen gegen zwei (Neuenburg und Genf) angenommen. Ein wahrlich trauriger Tag für die Neuenburger, insbesondere für die Bewohner des Val-de-Travers. Es erstaunt auch nicht, dass z.B. in Boveresse, dem Ort mit den grössten Absinthe-Anbauflächen im Tal, von 146 Wählern 144 dagegen stimmten ... Schliesslich wurde das Gesetz am 7. Oktober 1910 in Kraft gesetzt – dem Tag, als die Grüne Fee von den Moralisten «erstochen» wurde. Dargestellt ist diese Szene in einem bekannten Bild, das während der Prohibitionszeit die meisten illegal destillierten Absinthe-Flaschen zierte (siehe Seite 51).

Plakat im Schweizer Abstimmungskampf, 1908, (Kollektion François Bezençon)

Die unheilige Allianz

Interessant sind in diesem Zusammenhang die Verbindungen und gegenseitigen Unterstützungen im Schweizer Abstimmungskampf. Zwischen der Anti-Alkoholbewegung (Blaues Kreuz u.a.), kirchlichen Kreisen und der Weinlobby bildete sich nämlich eine wahrlich unheilige Allianz. Erstere in der Hoffnung, nach dem Absinthe auch weitere alkoholische Getränke verbieten zu können

(Bier hätte als nächstes auf der Liste gestanden). Die starke Lobby der Weinbauern hingegen, die den Absinthe-Herstellern aus dem kleinen Val-de-Travers fehlte, agierte aus rein wirtschaftlichen Interessen. Die Politik fand dann mit dem Verbot des Absinthes eine geeignete Gelegenheit, diese Einflussgruppen zu befriedigen. Durch die Reblausplage (ab 1870) war die Alkoholgewinnung aus Wein extrem eingeschränkt. Weil man den auf Korn und Rüben basierenden Industriealkohol (Fusel) zur Absinthe-Herstellung verwendet, wurde dieser billiger als Wein. Trotz höherer Besteuerung des Absinthes gelang es nicht, dessen Konsum einzuschränken. Absinthe wurde zunehmend zum «Arme-Leute-Schnaps» und durch die minderwertige Herstellungsweise auch mit gesundheitsschädigenden Inhaltsstoffen verunreinigt. Dies trug in erster Linie zu dem bis heute anhaltenden schlechten Ruf des Absinthes bei.

Plakat der Französischen Antialkohol-Bewegung (U.F.A.), 1905
(Kollektion David Nathan-Maister)

Diskriminierung Andersdenkender

Es gab noch weitere Gründe, die mit einem Absinthe-Verbot praktisch zu verbinden waren. Man konnte diejenigen kriminalisieren und gesellschaftlich ausgrenzen, die sich gerne dem Absinthe-Konsum zuwandten, wie Künstler, Literaten, leichte Mädchen sowie andere Unangepasste und Freidenker.
Oder wie es Barnaby Conrad in seinem Buch «Absinthe: History in a Bottle» erklärt: «Das grüne Glas auf dem Cafétisch symbolisierte (am Ende des 19. Jahrhunderts) Anarchie oder eine entschiedene Ablehnung der Normen und Pflichten des Lebens» (CONRAD 1988).

Catharina Krebs umschreibt dies in ihrer Arbeit folgendermassen: «Klerikale und konservative Kreise sahen im Absinthe die Ursache für Sittenverfall und Umstürzlertum. Ein führender Journalist schrieb: Ich bin für Wein und gegen Absinthe, so wie ich für die Tradition und gegen die Revolution bin. Die Linke hingegen meinte, Absinthe-Konsum würde das Klassenbewusstsein aushöhlen» (KREBS 2004).

Auch Hans Cousto formuliert dies in seiner PR-Mitteilung zur Legalisierung des Absinthe in der Schweiz am 1.März 2005 treffend: «Bei der historischen Betrachtung der Absinthe – Prohibition zeigt sich deutlich, dass der Absinthe für andere politische Ziele instrumentalisiert wurde. Dies waren in erster Linie nationalistische, rassistische und wirtschaftliche Ziele. Hand in Hand hatten rechts-konservative Kräfte mit den Prohibitionisten die Fremdenfeindlichkeit geschürt. Moralisierende und angstschürende «wissenschaftliche» Publikationen wurden von den Medien kolportiert. Unter Bezugnahme auf ethische, moralische und religiöse Werte wurde in fundamentalistischer Weise Abstinenz gepredigt. Tatsachen wurden aus dem Zusammenhang gerissen und einseitig manipulativ dargestellt. Künstler und Intellektuelle wurden diskreditiert» (COUSTO 2005).

Die Ausgrenzung Andersdenkender mittels ihres bevorzugten Genussmittels ist in der Geschichte bis in die heutige Zeit schon oft praktiziert worden. Als Beispiel der neueren Zeit sind hier die psychedelischen Drogen und Haschisch zu erwähnen, mit denen die FlowerPower- und Hippie-Bewegung kriminalisiert wurde. Der in den 1930er Jahren neu eingeführte Name «Marihuana» (er klang gefährlicher als die damit gemeinte Pflanze Hanf) diente in den USA dazu, Mexikaner, Latinos und Schwarze über ihren Konsum zu kriminalisieren.

Deshalb sind die Parallelen zwischen Absinthe und Hanf nicht nur in der Wirkungsweise zu erkennen, sondern auch in der gesellschaftlichen Ausgrenzung. Ob es wirklich nur ein Zufall ist, dass man Absinthe in der Schweiz am selben Tag legalisierte als die Hanf-Freigabe vom Parlament ad acta gelegt wurde?*

*Am 14.6.2004 fand im Nationalrat die Debatte mit anschliessender Zustimmung für die Legalisierung des Absinthe statt – am selben Tag wurde eine Betäubungsmittel-Gesetzesrevision u.a. zur Legalisierung des Hanfs abgelehnt (respektive durch Nichteintreten auf das Geschäft hatte es sich erledigt). Auch eine Form von Politik ...

Pfefferminze

Zauberhaftes aus dem Val-de-Travers

Chris Heidrich, Sergius Golowin

«Ich sitze vor meiner Tür, rauche eine Zigarette und schlürfe meinen Absinthe, ich geniesse jeden Tag und bin ohne Sorgen.» (Paul Gauguin)

Die Quelle im Wald

Chris Heidrich

Wir verweilen ein paar Tage im Val-de-Travers, dem «Tal der Zwischenwelt». Hier scheint die Zeit wirklich ein wenig stehen geblieben zu sein. Finden wir hier wohl Hinweise auf die Grüne Fee – gibt es sie als Wesen? Schon werden uns geheimnisvolle Geschichten zuteil, natürlich bei einem geselligen Glas «Apéro», der hier tatsächlich nie fehlt.

Nicht ohne Schmunzeln verraten uns unsere freundlichen Gastgeber von einem Brauch im Val-de-Travers, mit dem man der Prohibition zu trotzen wusste. Er zieht uns sofort in seinen Bann. Wir werden zu einer versteckten Quelle im Wald eingeladen, und was uns dort erwartet, rührt uns zutiefst: Ein wenig verborgen findet sich dort eine Flasche Absinthe. Die Quelle bietet frisches Wasser, ein paar Gläser haben unsere Gastgeber wohl wissend mitgebracht. «Santé» heisst es mitten im Wald! Natürlich weiss niemand, woher die Flasche stammt. Sie lag einfach schon dort. Sollte sie einmal leer sein, so findet sich auf geheimnisvolle Weise stets eine neue an der selben Stelle. Ob das der Grünen Fee zuzuschreiben ist? Der Konsum selbst war ja nie verboten. Dieser Brauch aus Prohibitionszeiten funktioniert jedenfalls noch heute.

Magische Orte

Chris Heidrich

Einen anderen Hinweis auf Geheimnisvolles erhalten wir – wie sollte es auch anders sein – von kundiger Frauenseite. «Ihr schreibt ein Buch? Da braucht ihr sicher gute Inspiration!». Sogleich erhalten wir den Tip für einen alten Kraftort am Südhang des Tals, an dem die Felsen eine aussergewöhnliche Energie ausstrahlen sollen. Schwingt da etwa altes Hexenwissen mit? Natürlich nehmen wir auch einen guten Absinthe mit, hergestellt «wie früher» von Frauenhand. So machen wir uns von Couvet auf den Weg nach «La Roche». Von diesem vielversprechenden Ort heisst es, man könne hier hervorragend Körper und Geist mit frischer Energie auftanken. Zwischen Felswand und Abgrund geht es über moosbewachsene Stufen steil bergan, der Weg verengt sich teils zum schmalen Tritt. Knorrige Stämme verwegener Bäume scheinen sogar aus dem Gestein gen Himmel zu wachsen. Unser Blick schweift verzückt zwischen den üppigen Pilzen am Boden und den leise im Wind flüsternden Baumwipfeln hin und her – irgendwie ist uns, als hätte uns dort ein zartes Feenwesen aufmunternd gegrüsst. Der etwas anstrengende Fussweg von Couvet hat sich auf jeden Fall gelohnt: Der Ausblick auf das Tal ist majestätisch. Berauscht von soviel Naturschönheit scheint uns fast, als würden wir einen lieblichen Gesang vernehmen, der uns von wundersamen Waldwesen und alten Geschichten aus dem Tal berichtet. Wer diesen Aufstieg gerne abkürzen will, kann auch mit dem Auto von Couvet oder Fleurier in Richtung La Brévine dorthin gelangen.
Weitere magische Orte lohnen eine Entdeckungsreise: Das Felsmassiv Creux du Van ist wohl der stärkste Kraftplatz. Diese mächtige halbrunde Steilwand begrüsst den Besucher gleich beim Eingang ins Val-de-Travers und ist zugleich ihr Wahrzeichen. Sehenswert sind auch die bedeutenden Asphaltminen bei Travers oder die bezaubernde Landschaft zwischen La Côte-aux-fées und Les Verrières.

Ein anderer Ausflug führt uns am Wasserlauf der Areuse entlang bis zu ihrer Quelle hinauf. Entrückt vom Wege abgekommen tauchen wir, auch hier von steilen Felshängen im Rücken geschützt, in eine Welt voll lieblicher Pflanzen ein. Leises Geplätscher jungfräulichen Wassers mit allerlei Kleinlebewesen, die sich im zarten Sonnenstreif vor unseren Augen im seichten Nass tummeln,

begleitet unseren Weg. Bilder von alten Zeiten steigen vor unserem geistigen Auge auf – wie viele durstige Kehlen vor uns haben wohl schon ihr Absinthe-Wasser diesem Fluss entnommen ... Natürlich kommen wir nicht umhin, eine Flasche frischen Quellwassers mit nach Hause zu nehmen.
Die Areuse ist der bedeutendste Wasserlauf im Kanton Neuenburg. Heute versorgt sie 70 Prozent der Neuenburger Bevölkerung mit Trinkwasser, und ihre Wasserkraft wurde schon zu allen Zeiten auf verschiedene Weise genutzt. Die La Doux genannte Quelle der Areuse entspringt auf 799 Meter in der Klus von Saint-Sulpice im Val-de-Travers, wo es bereits 1337 eine Mühle gab. Für zahlreiche Betriebe, wie Papiermühlen, Sägewerke, Elektrizitätswerke, eine Brauerei, ein Waschhaus und andere wurde dieser Flusslauf durch die Jahrhunderte überlebensnotwendig – und natürlich auch für die Herstellung des Absinthe.

An der Areuse bei Boveresse, mit Blick auf den «Chapeau de Napoléon», 2006

Die Grüne Fee

Sergius Golowin

Absinthe trägt im dichterischen Volksmund geradezu den Namen der «Grünen Fee», oder er wird mit diesem Märchenwesen in enge Verbindung gebracht. Es wird vielseitig versichert, dass man nach bewusstem Genuss des Getränkes, entspanntem Zurücklehnen und dem Schliessen der Augen, dieses Wesen fast als eine Wirklichkeit schaut. Es ist weiblich und samt seinem langen Haarschmuck von aufleuchtender grüner Farbe. Zart und feingliedrig, mit luftig leichten Schmetterlings- oder Libellenflügeln, wird es von einem durchsichtigen Schleier umwallt. Auch von den grossen Augen soll ein entsprechendes Strahlen ausgehen.

Übrigens: Beim Schweden August Strindberg fand ich folgendes aus dem Jahr 1914: «Zauberer kennzeichnen sich durch ihre grüngefärbten Kleider.» Was die Erscheinung der Grünen Fee angeht, soll diese den goldenen Schlüssel zu einer ganzen Welt besitzen, in der man sich für die Augenblicke befindet, in denen «die Zeit verloren geht» und man sich in einem Paradies fühlt: Dies erklärten die Märchendichter des Tranks geradezu mit einer Schau der grünen Juraweiden, mit denen noch immer die Herkunft des «Rauschmittels» in unmittelbaren Zusammenhang gebracht wird. Des Menschen Seele erhebt sich, einige sagen durch die liebevolle Umarmung der Grünen Fee, über das Gewühl der Massen mit ihren oft düsteren Neigungen. Auch in Riesenstädten wie Paris glaubte der Absinthe-Trinker sich den Weiden und Bergen des Jura zu nähern, die Vögel und Rosse zu spüren, die in diesen Weiten ihr Dasein voll geniessen. In Paris galt für das Eindringen in solch selige Phantasien der langsam eindunkelnde Abend als besonders günstig. Gemeint ist die Zeit nach fünf und sechs Uhr, wenn das arbeitende Volk die Stätten des anstrengenden Tagwerkes verliess und sich vor der Heimfahrt mit Vorortzügen eine Pause gönnte. Sie eilten in die unzähligen kleinen Bistros, ein Wort, das man aus dem russischen bistro (geschwind) übernahm. Dort tranken sie langsam das volle Glas aus ... und waren für die kurze sich aber langsam ausdehnende Zeit im «grünen Bereich».

Gelegentlich wurde versichert, das Wasser, das man auf Zucker und Absinthe-Mischung niederrinnen liess, stamme aus einer Märchenquelle. Sogar seine Herkunft aus dem «Land des Sonnenaufgangs» im Osten von Paris, also dem

Jura, habe den selben Ursprung. Dies war selbstverständlich kaum wörtlich zu nehmen, aber jeder Trank schien nun einmal dazu bestimmt, ihm zusammen mit reizvollen Verzierungen für den Geist zu begegnen.

Jäger-Märchen

Sergius Golowin

Bei einem meiner leider zu seltenen Jura-Ausflüge, bei denen ich Sagen voll Tiefsinn und Humor zu erjagen hoffte, kam ich über Neuenburg in die Wälder, die sich nach Westen dehnen. Ich besuchte einen alten Mann aus der deutschen Schweiz, der nahe beim Dickicht seine Holzhütte besass, offenbar schon jahrelang in der grünen Einsamkeit. Er bot mir seine Gastfreundschaft zum Übernachten. Darum wurde ich Zeuge eines ersten Besuches, den er am frühen Morgen empfing. Ein Mann trat zu ihm aus den Büschen, offenbar ein enger Freund, ein Jäger, mit dunkler Indianerhaut, gegerbt von Sturm und dichtem Regen. Er hatte zwei seiner Finger anscheinend wegen seiner abenteuerlichen Art, die Flinte zu laden, verloren. Die beiden Waldbewohner stiessen auf den neuen Tag an – mit milchigen Gläsern voll von dem die Stube mit seinem Duft erfüllenden Absinthe.

Der Gast warnte mich beim kurzen Geplauder, nicht zuviel vom Getränk zu schlucken. Damit breche man gelegentlich am Boden zwischen den Bäumen zusammen, nicht ohne bei steigender innerer Hitze sich seiner Kleider zu entledigen. Man versinke dabei erst noch in verwirrenden Träumen ... Dies erkläre, warum die Sage entstand, dass es Menschen gebe, die sich in wildes Getier zu verwandeln vermochten. Die Leute der Umgebung wüssten aus Erfahrung von solchen Waldbewohnern! Sähen sie einen von ihnen nackt und vom Geäst zerkratzt daliegen, hätten sie den Brauch, ihn in Ruhe zu lassen. Sie breiteten höchstens eine warme Decke über ihn aus, damit ein hartes Nachtwetter ihm keinen Schaden zufügen könne. Als ich etwas verwundert und erschrocken auf die Geschichte einging, versicherte der wilde Jäger: «Man vereinigt sich im Schlaf mit allem um sich herum, erschrickt von da an bei keiner Begegnung in der Wildnis sowie auch bei überhaupt nichts im Leben. Und wahrscheinlich auch nicht bei Zuständen, die anschliessend nach diesem zu kommen vermögen».

Rainfarn

Die Wiederbelebung der Grünen Fee

Chris Heidrich

«Antialkoholiker sind Unglückliche in den Klauen des Wassers, dieses schrecklichen aggressiven Giftes, das von allen Substanzen zum Waschen und Putzen auserwählt wurde; gibt man einen Tropfen Wasser in eine klare Flüssigkeit wie Absinthe, wird dieser trüb.» (Alfred Jarry)

Wiederbelebung und Chancen

Eigentlich begann der neuzeitliche Absinthe-Trend nach einer EU-weiten Gesetzesänderung, mit der die Zulassung der Absinthe-Herstellung und dessen Einfuhr in der EU im Jahre 1998 beschlossen wurde. Der zulässige Thujongehalt wurde damit auf max. 35mg/kg festgelegt. Seitdem entwickelt sich Absinthe in Deutschland und anderen Ländern zunehmend zu einem Kultgetränk, das in Szene-Bars, bei speziellen Partys, aber ebenso über Grossverteiler und über das Internet erhältlich ist. Eine Gefahr besteht jedoch in der unkontrollierten und teilweise verfälschten Produktion von Absinthe-Sorten. Manche Geschäftemacher trüben den Ruf des guten Absinthes durch das Angebot von Getränken mit teils gesundheitsschädlichen chemischen Zusätzen. Auch das mitunter zweifelhafte Angebot mancher Internetseiten vermittelt einen falschen Eindruck. Es geht oft ausschliesslich darum, sich «wegzuballern», der möglichst hohe Thujongehalt steht im Vordergrund, und Schlagworte wie «Absinthe XXL», «Killer-Rezepte» oder «Absinthe-Kamikaze» unterstützen diesen Eindruck.
Parallelen zum 19. Jahrhundert, als Absinthe zu seinem schlechten Image kam, lassen sich durchaus ziehen: Durch minderwertige Zutaten wie Fusel und künstliche Farb- oder Aromastoffe könnte der Absinthe erneut in Verruf geraten.
«In der Schweiz wurde das Absinthverbot erst im Juni 2004 aufgehoben, so dass demnächst auf dem Markt der Europäischen Union mit qualitativ hochwertigen Produkten aus dem Herkunftsland des Absinth zu rechnen sein könnte.

Vor dem Hintergrund der in hoher Anzahl aufgefundenen minderwertigen Produkte wäre auch die Initiative der Schweiz zu begrüssen, authentische Erzeugnisse durch geschützte Ursprungsbezeichnungen oder geschützte geografische Angaben kenntlich zu machen, um dem Verbraucher die Kaufentscheidung zu vereinfachen» (LACHENMEIER 2005).

Die Schweiz zieht nach

Am 13. Dezember 2002 forderte der Neuenburger Ständerat Jean-Claude Cornu (FDP) die Absinthe-Legalisierung und regte dadurch auch zur historischen Möglichkeit einer Qualitätssicherung für den Absinthe an. Seine parlamentarische Initiative hatte Erfolg, sie wurde eindeutig angenommen. Sowohl Bundesrat als auch Stände- und Nationalrat haben sich gleichermassen dafür entschieden. Seit dem 1. März 2005 ist die Grüne Fee auch in der Schweiz wieder legal und «auf freiem Fuss». Vorausgegangen waren die Bemühungen von Yves Kübler, der aus der Dynastie einer grossen Absinthe-Brennerei stammt: Er brachte bereits 1990 einen ersten «Apéritif anisé» auf den Markt. Sein Traum war es, ein Produkt herzustellen, das dem Original seines Urgrossvaters möglichst nahe kommen sollte. Am 10. Oktober 2001 lancierte er den «Extrait d'Absinthe Kübler», der in der Folge eine lebhafte Polemik sowie juristische Reaktionen hervorrief.
Durch den Legalitätsstatus könnte nun der Absinthe als einzige Wermut-Spirituose in der Schweiz durch ein AOC- (Ursprungsbezeichnung) oder GUB-Label (geografische Angabe) geschützt werden. Die detaillierten Abklärungen und Verhandlungen sind noch im Gang. Die Arbeitsgruppe «Association Région Val-de-Travers» (ARVT), zu der auch viele Absinthe-Destillateure des Val-de-Travers gehören, trifft sich regelmässig und arbeitet umfassende Dossiers mit schlagkräftigen Argumenten aus. Sie steht mit den Behörden in regem Austausch. Der ganze Prozess dürfte aber einige Jahre dauern. Wenn dieses AOC-Label nicht schnell zum Tragen kommt, läuft der Absinthe wie vor hundert Jahren Gefahr, im diffus schlechten Licht zu erscheinen. So könnten auch die Schauermärchen wie damals wieder Auftrieb bekommen. Wie bei jedem legalen Produkt kann mit dem AOC-Label auch der Konsumenten-Schutz wieder berücksichtigt und die Herkunft eines Originalproduktes gewährleistet werden. Als Beispiel sei hier nur die Verwendung von giftigem Kupfersulfat zur Grünfärbung oder

künstlichen Aromastoffen erwähnt. Durch die Legalisierung werden natürlich auch Grenzen geöffnet für ausländische Produkte, die diesen Standards nicht entsprechen. Ohne Verbraucher-Schutz und Qualitäts-Siegel ist die Zukunft der Absinthe-Sorten mit diesen Ansprüchen nicht gesichert.

Auch auf wirtschaftlicher, landwirtschaftlicher und soziokultureller Ebene ist der Absinthe für diese ökonomisch eher schwache Region im Jura von Bedeutung. Bei steigender Nachfrage können längerfristig Arbeitsplätze geschaffen werden. Zusätzlich wird die Landwirtschaft wieder um den Anbau vielfältiger Kräuter bereichert. Durch den nun legalen Anbau von bislang verbotenen Kräutern kann auch die Produkt-Qualität gesteigert und damit eine Bio-Zertifizierung vorangetrieben werden. Echte Bio-Absinthes aus dem Val-de-Travers sind dann in greifbarer Nähe. Die magische «Grüne Fee» steigert aber auch den Anreiz zu einem Besuch im schönen Tal. Trotz dieses Erfolges sind jedoch einige Liebhaber des «Bleue des résistants» im Val-de-Travers besorgt. Man befürchtet den Untergang des Geheimnisvollen, der Kultur des richtigen Trinkens und Geniessens, den Verlust eines Stückes der Lebensqualität und Identifikation mit der eigenen Herkunft. Argumente, die man nicht ausser acht lassen sollte.

Um so bedeutsamer erscheint es, sich um Rituale, aber auch um die Kultur des genussvollen Trinkens zu bemühen und sinnvolle Traditionen zu erhalten. Immer wieder konnte ich beobachten, wie Menschen unterschiedlichster Herkunft oder Gesinnung durch den Absinthe und sein spezielles Trinkritual ins Gespräch gekommen sind. Auch Alter, Kleidung, Beruf und Cliquen-Zugehörigkeit stellen keine Schranken dar – man trifft sich am liebsten in gesellig friedlicher Runde, um seinen Absinthe zu geniessen. Angeregt durch die angenehm belebende, aber nicht aggressiv oder ausfallend machende Wirkung entspinnen sich viele neue und interessante Begegnungen. Welch ein Gewinn für unsere Zeit, in der zu viele Menschen zu viel mit ihrem eigenen Leben zu tun haben. Das Potential als vielseitiges Kultgetränk bietet sich natürlich besonders an, und dementsprechend kommen stetig neue Genussvarianten hinzu. Rezepte für Absinthe-Cocktails und andere Gaumenfreuden wie Saucisson oder Süsswaren werden laufend entwickelt, und Absinthe-Nights in Clubs und Bars erfreuen sich zunehmender Beliebtheit. Das Besondere steckt aber vor allem in der Art des Servierens. Beobachtungen zeigen immer wieder, dass die sinnliche Zeremonie mit Wasser-Fontainen und dem weiteren aussergewöhnlichen Zubehör das Gefühl vermittelt, etwas Besonderes zu sich zu nehmen. Ohne diese verbindenden Rituale bleibt das Wermut-Getränk eine unter vielen anderen Spirituosen, an denen das Interesse bald wieder nachlassen könnte. In einer Zeit, in der die Suche nach dem Authentischen etwas sehr Wichtiges ist, kommt der Absinthe mit seinen Ritualen und spannenden Legenden also gerade recht.

Das Mitterand-Soufflé

Seine ersten grünen Zweige streckte der Absinthe bereits 1985 wieder ins Licht der Öffentlichkeit. Ein wagemutiger Koch servierte dem französischen Präsidenten Mitterand anlässlich eines Staatsbesuchs in Neuenburg ein Absinthe-Soufflé als kantonale Spezialität. Die Empörung, ausgerechnet dem französischen Staatsoberhaupt diese brisante und illegale Zutat zu servieren, liess diesen Leckerbissen als politisch brisantes Dessert mit juristischem Nachspiel in die Geschichte eingehen.

Aufhebung der Prohibition - Ein Jahr danach

Ein Jahr nach der Aufhebung des Absinthe-Verbots stellen mittlerweile 13 Schweizer Produzenten Absinthe nach eigenem Rezept her und vertreiben ihn als Eigenmarke. Allein im Neuenburger Val-de-Travers sind acht legale Brennereien – darunter zwei Lohnbrennereien (Betriebe, die im Auftragsverhältnis Spirituosen herstellen) – gemeldet, aber nur eine Frau behauptet sich neben den sonst ausschliesslich männlichen Kollegen. Das Überleben des zum Genussmittel avancierten ehemaligen Heilgetränkes auch illegal und im Untergrund zu erhalten, hatte in der Zeit der Prohibition ganz offensichtlich eher die Männerwelt motiviert.
Insgesamt wurden im Val-de-Travers fast 130'000 Liter Absinthe in diesem ersten Jahr seit der Legalisierung hergestellt. Dabei fällt die Produktion in den Kantonen Freiburg, Wallis und Tessin mit nur einem Prozent kaum ins Gewicht.

Die Frage nach der schweizerischen Gesamtproduktion ist damit noch nicht vollständig beantwortet. Die eidgenössische Alkoholverwaltung schätzt die illegale Absinthe-Produktion auf jährlich 50'000 bis 100'000 Liter. Schwarzbrennereien, die sich selbst melden, gehen jedoch bis auf weiteres straffrei aus, eine letzte Frist ist vorläufig bis Ende 2006 festgelegt worden. Das Vertrauen in die Verwaltung muss sich nach dem langen Überleben im Untergrund anscheinend erst langsam aufbauen. Natürlich sind nebenbei auch lästige Auflagen und das Abführen der Mehrwertsteuer mit dem Schritt in die Legalität verbunden. In einer Region, in der das Schweigen zur Tradition gehört, braucht das Vertrauen in den Staat wohl einfach seine Zeit.

Plakat im Satiremagazin «Guguss», 1910,
oft verwendet als Etikette für illegal hergestellten Absinthe

Thujon – gefährlicher Wirkstoff oder kreativer Antrieb?

Roger Liggenstorfer

«Absinthe kann ein geschlechtliches Verlangen hervorrufen, bei der Ausarbeitung von Ideen helfen, ein Gespräch unterstützen oder das Gehirn auflösen. Eine wahrlich schwierige Wahl.» (Dale Pendell)

Die ersten Fragen, die im Zusammenhang mit Absinthe und beim Bestellen des ersten Glases in einer Bar gestellt werden, lauten sehr oft: «Ist denn auch genug Thujon drin? Und ist es das Thujon, was verantwortlich ist für Blindheit, Abtreibungen und vor allem Wahnsinn?» Viele erinnern sich dabei auch gleich an van Goghs abgeschnittenes Ohr ....

Thujon ist der legendäre Hauptwirkstoff im Absinthe und ein psychoaktives Nervengift. Neben den vielen verschiedenen Kräutern im Absinthe wird hauptsächlich das Thujon für die Steigerung der Kreativität und der Libido* verantwortlich gemacht. Es hat den weiteren angenehmen Effekt, dass es stimmungsaufhellend wirkt. Wie bereits seit dem Altertum bekannt ist, wird Wermut auch vielseitig medizinisch eingesetzt.

«Das dunkelgrüne bis braune oder bläuliche, stark riechende, kratzend bitter schmeckende ätherische Öl aus den silberartig schimmernden Blättern des grossen Wermutkrautes enthält zwischen 40% und 90% des psychoaktiven Wirkstoffes Thujon ($C_{10}H_{16}O$), weit mehr als die meisten anderen Arten

*Die aphrodisische Wirkung beschrieb der engl. Dichter Dowson (1867-1900) in einem Wortspiel: «I understand the absinthe makes the tart fonder» (Ich verstehe, Absinthe macht eine Puppe geiler): Wird das Wort «tart» (Puppe) weicher ausgesprochen (dart), bekommt der Satz eine neue Bedeutung: «... macht das Glied geiler ...» (Werner 2002). Ebenso beschreibt Christian Rätsch (Raetsch 1998) die aphrodisische Wirkung als «Kuss der Grünen Fee». Wie die meisten Aphrodisiaka aber wirkt Absinthe verstärkend auf das, was bereits vorhanden ist: Wer also mit Sex Probleme hat, wird auch mit Absinthe keine lustvolle Stunden erleben.

der Pflanzengattung Artemisia. Man unterscheidet das bicyclische Monoterpen Thujon abhängig von der Stereochemie der C-4-Methyl-Gruppe zwei Thujon-Isomere: Alpha- und Beta-Thujon. Beta-Thujon liegt in höherer Konzentration vor als Alpha-Thujon [Beta-Thujon: 70 – 90 % des Gesamt-Thujons]. Im Vergleich zu Beta-Thujon wird dem Alpha-Thujon eine 2,3fach höhere Toxizität zugeschrieben, insbesondere auf das zentrale Nervensystem nach Absinthe-Genuss. Weitere charakteristische Inhaltsstoffe sind Terpenlacton-Bitterstoffe wie Absinthin [0,20% – 0,28 %] und Artabsin [0,04% – 0,16%], wobei das Absinthin der sensorisch massgebende Bitterstoff des Wermuts ist. Die Gehalte in der Pflanze sind jahreszeitabhängig. Der höchste Bitterstoff-Gehalt tritt im September und der grösste Gehalt an ätherischem Öl im Juni bis Juli auf. In dem nach der Pflanze selbst benannten Wermutwein finden sich keine bedeutsamen Thujon-Konzentrationen, da dieser im Gegensatz zum Absinth mit wässrigen Auszügen der Wermutpflanze versetzt wird und Thujon nicht wasserlöslich ist» (COUSTO 2005).

Nach neuesten Erkenntnissen soll Thujon eine ähnliche Wirkung haben wie Haschisch, da im Hirn die gleichen Rezeptoren wie für das THC benutzt werden. Bereits 1861 bezeichnete Emile Zola in seinem Roman «Soeur Philomène» den Absinthe als «flüssiges Haschisch», lange bevor die beiden Forscher Del Castillo und Anderson 1975 ihre Ergebnisse zur THC-Absinthe-Connection im menschlichen Hirn in der Zeitschrift «Nature» veröffentlichten. (CASTILLO 1975)
Interessant in diesem Zusammenhang ist die gesellschaftlich moralische Unterscheidung zwischen Alkohol als legalem «Genussmittel» und den restlichen psychoaktiven Substanzen, die als Drogen mit gefährlichen Wirkstoffen stigmatisiert werden und verboten sind. Als wäre Alkohol keine Droge und deshalb auch nicht gefährlich. Entsprechend kann auch Absinthe wie jede andere Spirituose missbraucht werden – man redete in den Zeiten, als man bemüht war, diesen in Verruf zu bringen, vom sogenannten «Absinthismus», der hauptsächlich mit der Thujonwirkung in Zusammenhang gebracht wurde, sich jedoch in keiner Art und Weise vom bekannten «Alkoholismus» unterschied.
Beschäftigen wir uns also mit dem Hauptwirkstoff, dem Thujon. Aber ebenso mit den anderen im Absinthe vorkommenden Inhaltsstoffen, wie z.B. den ätherischen Ölen von Anis, Ysop, Fenchel und anderen, denen nach neueren wissenschaftlichen Studien ebenfalls nachgesagt wird, in zu grossen Dosierungen Schäden an Körper und Geist verursachen zu können. Übertriebene Angst ist

aber unnötig, da all diese Stoffe nur in kleinen Mengen im Absinthe vorkommen, so dass die Wahrscheinlichkeit, an einer Alkoholvergiftung zu sterben, weitaus grösser ist. Dies trifft insbesondere auf das Nervengift Thujon zu, das im Rahmen der gesellschaftlichen Hatz vor und während der Prohibition für Wahnsinn, Epilepsie, Suizide und Abtreibungen verantwortlich gemacht wurde. Um aber vom Thujon nur annähernd eine Vergiftung zu erleiden, müssten von den heutigen Absinthe-Sorten etliche Liter getrunken werden – was einer Menge Alkohol entspricht, die wohl kaum eine Leber ertragen würde. Die beschriebenen Vergiftungserscheinungen sind aber tatsächlich von verwendetem Industriealkohol und sonstigen unsauberen Herstellungsmethoden verursacht worden.
Aber es ist nicht das Thujon allein, was den besonderen Charakter eines Absinthe ausmacht, sondern das Zusammenspiel, die spezielle Komposition der bis zu 20 verschiedenen Kräuter mit ihren Alkaloiden und den ätherischen Ölen. Ein weiterer Grund für die besondere Wirkung ist die Landschaft, in der diese Pflanzen wachsen – das Val-de-Travers, das wie dafür geschaffene klimatische Bedingungen bietet (z.B. den Morgennebel, der sich bis zum Mittag einige Meter über dem Boden hinzieht oder die grossen Kälte-Wärme-Unterschiede), und das auf rund 700 Meter ü.M. in der Nähe von La Brévine, dem Sibirien der Schweiz liegt. Es wartet mit einer lieblichen Feenlandschaft auf, die jeden Besucher dieses Tales fasziniert. Die wichtigsten Kräuter wurden dementsprechend schon vor der Prohibition und seit der Legalisierung wieder allesamt im Val-de-Travers selbst angebaut und mit speziellen Erntemethoden gewonnen.

Der Apotheker Jens Bielenberg aus Westerhorn (Deutschland) stellt in einem Artikel über «Zentralnervöse Effekte durch Thujon» folgendes fest:
«Interessanterweise gibt es aus alten Überlieferungen Hinweise, die thujonhaltige Pflanzen in Zusammenhang mit Unsterblichkeit bringen. Im altgriechischen Mythos von Ganymed wird der Held unsterblich und gottgleich, indem er Rainfarn zu sich nimmt. Das englische Wort »Tansy« für Rainfarn soll von dem griechischen Wort athanaton = unsterblich herrühren.
Thujon ist Bestandteil ätherischer Öle zahlreicher Pflanzen, von denen Absinthe (Artemisia absinthium), Beifuß (Artemisia vulgaris), Salbei (Salvia officinalis), Rainfarn (Tanacetum vulgare) und der Lebensbaum (Thuja occidentalis) die Bekanntesten sind. Die pharmakologischen Effekte der thujonhaltigen Pflanzen werden durch die Begleitsubstanzen stark modifiziert. Dennoch lassen sich dem

Thujon generell folgende pharmakologischen Effekte zuordnen:

- antihelminthisch (gegen Würmer gerichtete Wirkung)
- psychedelisch (euphorisch-tranceartiger Zustand)
- uterusstimulierend
- als Antidot von Opium bzw. zentral depressiv wirkender Substanzen

Das Fazit aus seinem Studium:
«Die neuen Absinthe-Sorten, die heute auf dem Markt sind, werden – abgesehen von ihrem Alkoholgehalt – als nicht gefährlich eingestuft. Bei einem Alkoholgehalt von 25%vol. sind höchstens 10 mg Thujon pro Kilogramm Flüssigkeit erlaubt, bei Bitterspirituosen liegt der Grenzwert bei 35 mg pro kg Flüssigkeit, was bei »normalem Trinkverhalten« weit unterhalb der toxischen Menge liegt. Wissenschaftler schätzen, dass die Konzentration bei den im 19. Jahrhundert üblichen Rezepturen um 260 mg/kg gelegen hat».

Dies wurde hingegen bei Untersuchungen von alten wiedergefundenen Absinthe-Sorten, die nach neuesten Analyse-Methoden untersucht wurden, nicht bestätigt. Dazu Dirk W. Lachenmeier in seiner Abhandlung «Absinthe – ein Getränk kommt wieder in Mode» (LACHENMEIER 2003):
«... Der Thujon-Gehalt historischer Absinthe ist zudem weitgehend unbekannt, die angegebenen Konzentrationen schwanken zwischen 60 und 260 mg/kg. Ian Hutton weist darauf hin, dass die Thujon-Konzentrationen aufgrund der damaligen mangelhaften analytischen Techniken möglicherweise weit überschätzt wurden. In einem historischen Absinthe von Pernod wurde ein geringerer Thujon-Gehalt nachgewiesen als in heutigen Absinthes. Nach Ansicht des Deutschen Bundesinstituts für Risikobewertung ist selbst bei einer deutlichen Überschreitung des gesetzlichen Höchstwerts von 35 mg/kg nicht zu erwarten, dass der Verbraucher gesundheitsschädigende Mengen an Thujon aufnimmt.»

In einer weiteren Facharbeit unter dem Titel «Absinth – Ein neues Spielzeug für die Spassgesellschaft?» beschreibt Dr. Wolfgang Huckenbeck (Uni Düsseldorf) in seinen Schlussfolgerungen (HUCKENBECK 2001):
«Bei kritischer Betrachtung der alten Literaturquellen bleibt der Verdacht, dass tatsächlich neben all den primär gesundheitsschädlichen Folgen des Absinthe-Abusus gewisse halluzinogene Wirkungen nicht abgestritten werden können.

Der Hauptwirkstoff Thujon hat krampferregende, cerebrale Wirkungen, wie auch das ebenfalls im Wermutöl enthaltene Phellandren (farblose, ölige Flüssigkeit, Bestandteil von ätherischen Ölen). Sicherlich mögen viele der beschriebenen Symptome des Absinthismus durch den Alkoholabusus allein erklärt werden können. Aufgrund der neueren Untersuchungen über den zentralen Angriffspunkt des Thujols könnten sich aber bei simultaner Aufnahme von Ethanol und Thujol einige einander abschwächende Effekte ergeben. Hieraus könnte in der Tat ein von der reinen Ethanolintoxikation etwas abweichender Rauschzustand erreicht werden».

In einer neueren Abhandlung über Absinthe-Analytik aus dem Jahre 2004 beschreibt Joachim Emmert folgendes (EMMERT 2004):
«Allerdings wird die Diskussion sehr stark historisch gefärbt bzw. mit Mythen und Anekdoten geführt, statt mit modernen analytischen Fakten und neueren wissenschaftlichen Erkenntnissen. (...) Dabei wurden bei der Untersuchung von etwa 70 Proben nur 9 Absinthe als hochwertig und damit authentisch eingestuft. (...)
Zusammenfassend lässt sich sagen, in keinem der untersuchten Absinthes fand sich eine gefährlich hohe Konzentration (> 35 mg/l) Thujon, weder alpha- noch beta-Isomeres».

Es bleibt bei all diesen Arbeiten die Vermutung, dass die Thujon-Forschung noch nicht abgeschlossen ist und noch einige wissenschaftliche Klärungen ausstehen. Diese aktuellen Forschungsarbeiten stellen jedoch ziemlich eindeutig fest, dass die diffusen Ängste vor dem Wirkstoff Thujon im heutigen Absinthe unbegründet sind. Bestimmt lässt sich alles missbrauchen, selbstverständlich auch Absinthe – nur wäre dann bei gesundheitlichen Schäden oder gar einer Abhängigkeit sicher nicht das Thujon ausschlaggebend, sondern in erster Linie der Alkohol.

Dazu ist der bekannte Satz vom guten alten Paracelsus wieder in Erinnerung zu rufen:

Alle Dinge sind Gift, und nichts ohne Gift,
alleine die Dosis macht, dass ein Gift, kein Gift ist.

Fenchel

Trinkrituale und Zubehör

Roger Liggenstorfer

«In Paris, wo das Bier fürchterlich schmeckt, stürzte ich mich auf Absinthe, Absinthe am Tage und in der Nacht.» Paul Marie Verlaine

Bei kaum einem anderen alkoholischen Getränk haben sich derart viele unterschiedliche Trinkrituale entwickelt wie beim Absinthe. Einige traditionelle Formen haben sich bis in die heutige Zeit gerettet und sich dabei auch weiter verändert, andere neue sind dazu gekommen. Was Absinthe zum Kultgetränk stilisiert, ist neben seinen besonderen Inhaltsstoffen vor allem die Art und Weise, wie er getrunken wird. Rituale haben einen sozialen Charakter und sind ein Instrument, dem Missbrauch vorzubeugen. Das Alleine-Trinken ist beim Absinthe eher unüblich. Man möchte sich dabei gerne mit jemandem unterhalten und geniesst dadurch eine wichtige soziale Komponente.

Der Vorgang bedingt auch Zeit und Musse. Schon das Beobachten des Wassers, wie es langsam aus der Fontaine auf den Zucker tropft, wie sich der Zucker auflöst und sich anschliessend das Wasser mit dem Absinthe verbindet – das ist Alchemie im wahrsten Sinne des Wortes! Denn einen wahren und echten Absinthe -Trinker erkennt man daran, dass er sich für diese Zeremonie Zeit nimmt und die richtige Mischung aus Wasser und Absinthe erzielt, ohne dass sein Gemisch zu wässrig wird. Die Temperatur muss ebenfalls stimmen: Der Absinthe selbst hat meistens Zimmertemperatur. Somit muss das Wasser in der Fontaine oder Karaffe mit Eiswürfeln so gekühlt werden, dass der fertige Absinthe im Glas rund 10 – 14° C hat. Auf keinen Fall sollten die Eiswürfel direkt mit dem Absinthe in berührung kommen, da sich die wertvollen ätherischen Öle daran binden und der Geschmack dadurch leiden würde. Oder wie es Pierre-André Delachaux beschreibt: «Sein ‚Purée' richtig hinzukriegen, das war der Beweis dafür, dass man zu leben verstand, dass man würdig war, in das Pantheon der echten Trinker einzugehen, der echte Kenner, der Vollblut-Epikureer» (Delachaux 2003).

Nicht nur das Wort «Ritual» ist im Zusammenhang mit Absinthe-Trinken etwas Spezielles, es wird auch immer wieder von der «richtigen Dosis» gesprochen –was normalerweise eher bei der Verwendung von Drogen geschieht (NITSCHE 2002:74).

Die Grüne Stunde

Die Grüne Stunde entwickelte sich während der zweiten Hälfte des 19. Jahrhunderts in den Pariser Strassencafés zu einem eigentlichen gesellschaftlichen Ritus. Der Duft des Absinthe verbreitete sich in den Strassen, die zu diesen Stunden belebter als sonst waren. Zwischen 17 und 19 Uhr trafen sich Männer und Frauen aus allen Gesellschaftsschichten, um sich zu unterhalten. Künstler stellten ihre Prosa und ihre Bilder vor und tauschten ihre Werke mit Mäzenen oft nur gegen eine Mahlzeit oder ein paar Gläser Absinthe. «L'Heure Verte» hatte eine starke soziale Komponente. In den besseren Kreisen war es nicht gern gesehen, ausserhalb dieser Stunden dem Absinthe zu frönen, und man trank auch nicht mehr als ein bis zwei Gläser zu dieser Zeit. Um nicht in einen schlechten Ruf zu geraten, zog man andernfalls von Café zu Café (WERNER 2002).

Die traditionellen Methoden aus der Schweiz und Frankreich

Dazu werden klassische Y-förmige Absinthe-Gläser verwendet, die gegen Ende des 19. Jahrhunderts entstanden. Es gibt diese in verschiedenen Varianten: Meist zwischen 15 und 20 cm hoch, mit breiter Öffnung und verschiedenen Ausbuchtungen, die zur Zierde angebracht wurden oder mit einer Aushöhlung im unteren Teil für die richtige Dosierung. Auch Markierungen, sogenannte «Kordon», wurden an den Gläsern zum selben Zweck angebracht. Auf das Glas wird ein durchlöcherter Löffel gelegt, darauf ein Stück Würfelzucker. Die verzierten Löffel gehören zu den besonderen Gegenständen der Absinthe-Kultur: Mittlerweile gibt es dazu eigene Bücher (DELAHAYE 2001), in denen die weit über 400 bekannten Löffel dargestellt und beschrieben werden – mit Formen von stilisierten Absinthe-Blättern über Schweizerkreuze und Eiffeltürme bis hin zu phantasievollen Sujets. Mit einer Karaffe Wasser oder einem Wasserspender, einer sogenannten Fontaine, wird das Wasser langsam über den Zucker geträufelt

bis dieser sich vollständig auflöst und in den Absinthe tropft. Dadurch entsteht die typische milchige Trübung, die je nach Zusammensetzung der Inhaltsstoffe manchmal auch grünlich oder bläulich sein kann. Diese Opaleszierung, bei den Franzosen auch «Louche-Effekt» genannt, findet im Absinthe-Wasser-Verhältnis von 1:4 bis 1:6 statt – je nach Belieben.
Ursprünglich wurden Wasserkrüge oder spezielle Karaffen mit einem schmalen Ausgiesser benutzt, um einen möglichst dünnen Wasserstrahl zu erzielen. Fontainen kamen später dazu und sind wohl eher aus den gehobenen Schichten heraus entstanden. Heute werden im Handel verschiedene Varianten angeboten: Fontainen aus reinem Glas und Mischformen aus Metall und Glas, bei denen das mit Eis vermischte Wasser gut sichtbar ist, sowie Tonfontainen, die das Wasser länger kühl halten. Karaffen werden aber auch heute noch verwendet: Vor allem im privaten Bereich oder in Gaststätten und Bars, denen der künstlerisch geprägte, stilvolle Gebrauch nicht so wichtig erscheint.
Bei den meisten heutigen Absinthe-Sorten, insbesondere denen aus der Schweiz, die weniger bitter und manchmal bereits durch die Pflanzenkombination leicht süsslich sein können, wird oft auf den Zucker verzichtet.
Ein schönes Beispiel für ein Ritual, das fast einer Wissenschaft glich, lieferte der Kurzgeschichtenschreiber Henri Balesta, indem er 1860 beschrieb, wie junge Leute einen alten Absinthe-Geniesser beobachteten: «Sobald er die Karaffe ergreift, werden die Gespräche eingestellt, die Pfeifen gehen aus, die Augen ruhen auf dem Absinthe-Trinker, um kein Detail zu verpassen ... Er, der fühlt, dass er im Zentrum der Aufmerksamkeit ist, geniesst heimlich die Bewunderung und strebt danach, ihr gerecht zu werden. Er hält die Karaffe auf eine entrückte Weise, erhebt sie mit einem erhabenen Blick, indem er einen eleganten Kreis mit dem Arm beschreibt, dann lässt er das Wasser tropfenweise in die Gläser fallen. Mit der Gelassenheit der Weisheit, um die Mischung der Flüssigkeiten herzustellen. Das ist das Erkennungszeichen des Absinthe-Trinkers: Die schicke Art und Weise, in der er seine schwierige Handlung ausführt» (Adams 2004).

Das böhmische Ritual

Das in der ehemaligen Tschechoslowakei entstandene Ritual geht in seiner Art und Weise mit der beschriebenen traditionellen Methode einher, nur mit dem Unterschied, dass man den Würfelzucker erst in das Glas eintaucht und mit

Absinthe vollsaugen lässt. Anschliessend wird der Zucker auf den durchlöcherten Löffel gelegt und angezündet, die karamelisierende Zuckermasse tropft dann langsam in den Absinthe. Danach lässt man das Wasser darüber tröpfeln, bis sich der Zucker ganz aufgelöst hat.
Man kann auch einen Teelöffel mit losem Zucker in Absinthe tränken (eintauchen oder übergiessen) bis der Zucker den Absinthe aufgesaugt hat. Der Zucker wird angezündet damit er karamelisiert. Dabei ist darauf zu achten, dass der Absinthe im Glas nicht zu brennen beginnt, da dünnwandige Gläser sich sehr schnell erhitzen und sogar zerbrechen können. Erst wenn die Flamme ganz erloschen ist, gibt man den flüssigen Zucker in den Absinthe und verrührt ihn gut. Abschliessend verdünnt man den Absinthe mit eiskaltem Wasser im ungefähren Verhältnis von 1:1. Mit Wasser und Zucker, die nach individuellem Geschmack zugegeben werden, kann man sich seine eigene Mischung herstellen. Dieses Ritual funktioniert auch weniger stilvoll mit einer Gabel. Die Gefahr, dass der Absinthe im Glas Feuer fängt, ist dabei eher gering. Sollte das doch passieren, muss man den Absinthe sofort mit eiskaltem Wasser löschen, damit sich der Alkohol im Glas nicht noch einmal entzündet.

Russisches Trinkritual

Ein Glas mit gezuckertem Wasser füllen, anschliessend den Absinthe darüber giessen, welcher dann zunächst als Schicht auf dem Wasser schwimmt. Dann mit einem Löffel umrühren und beobachten wie sich die beiden Flüssigkeiten vermengen, bis der Absinthe seine typische milchig-grüne Trübung zeigt. Dieses Ritual ist nicht nur etwas fürs Auge, es spricht auch die Nase an, da sich der Anisduft, soweit im Absinthe enthalten, bei dieser Zubereitungsart besonders gut entfaltet (Krebs 2004).

Das englische Millennium-Ritual

Bei diesem in England zur Jahrtausendwende kreiertem Ritual lassen wir den Absinthe-Historiker Pierre-André Delauchaux zu Wort kommen. Wie seinen Worten zu entnehmen ist, harmoniert diese Art, Absinthe zu trinken, keineswegs mit der Absinthe-Kultur – trotzdem wollen wir es der Vollständigkeit halber abdrucken:

«In England hat der Absinthe ein vielbeachtetes Comeback gehabt – nicht wegen der Qualität dieses Produktes, die ist im übrigen ziemlich eklig – sondern wegen des Rituals, das seinen Genuss begleitet. Da es galt, das Millennium-Getränk zu erfinden, das jungen Konsumenten gefällt, haben die Engländer einen tschechischen Absinthe mit 60%vol., mit schauderbarem Geschmack importiert, und haben sich daran gemacht, ihn wie in den Bars in Prag zu trinken. Man giesst dieses Gesöff, das ich wirklich nicht Absinthe nennen kann, in ein Whiskey-Glas. Man füllt einen Kaffeelöffel mit Puderzucker, der mit diesem Getränk benetzt ist, den hält man über das Glas und zündet ihn an. Der Zucker brennt und dann steht das ganze Glas in Flammen. Man muss diese schnell ausblasen, damit der Alkohol nicht ganz verdampft. Dann trinkt man dieses glühend heisse Produkt in einem Zug aus, das einem in Sekundenschnelle zu Kopf steigt. Nicht das geringste Vergnügen, ausser dem, sehr schnell betrunken zu werden.»

Die Zwei-Glas-Methode

Ein angeblich weiterer Klassiker ist die Zwei-Glas-Methode, die bestimmt nicht ganz traditionell, aber sicher amüsanter als das Millennium-Ritual ist: Ein kleines Glas mit Absinthe wird in ein grösseres leeres Glas gestellt. Danach wird langsam Wasser in das kleine Glas geschüttet bis es sich mit dem Absinthe vermischt und überläuft. Wenn soviel Absinthe übergelaufen ist, dass das kleine Glas nur noch klares Wasser enthält, ist die Mischung im grösseren Glas bereit zum Trinken.

Absinthe-Pfeifen (Bonques)

Aus Pfeifen Spirituosen zu trinken hat eine ungefähr gleich lange Tradition wie die Entdeckung des Absinthe: Bereits im 17.Jahrhundert wurden aus goldenen Pfeifen edle Cognacs getrunken. Bald folgten Pfeifen für Whiskey und später auch für Grappa. Absinthe-Pfeifen soll es bereits in Böhmen gegeben haben, ihr Ursprung ist jedoch nicht genau nachvollziehbar. Tatsache ist jedenfalls, dass sich diese heutigen Glaspfeifen ausgezeichnet eignen, den Absinthe zu geniessen – wahrlich etwas für Connaisseure! Man verwendet dabei den Absinthe im Verhältnis von 1:1 oder 1:2 zu Wasser, aber ohne Zucker – der erste Schluck aus der Pfeife ist dann purer Absinthe.

Absinthe-Herstellung

Chris Heidrich, Roger Liggenstorfer

«Absinthe, ich bewundere dich wahrhaftig! Wenn ich dich trinke kommt es mir vor, als inhaliere ich die Seele eines jungen Waldes während der wunderschönen grünen Jahreszeit». (Raoul Ponchon)

Absinthe wird grundsätzlich in drei Kategorien unterteilt:
Bei den durch Destillation erzeugten, hochwertigen Absinthe-Sorten gibt es die Unterscheidungen zwischen «Absinthe ordinaire» mit 47%vol., «Absinthe demi-fine» mit 68%vol. und «Absinthe fine» mit 68 – 72%vol.. Der «Absinthe Suisse» (68 – 72%vol.) weist traditionell die höchste Qualität auf und besteht aus reinem Kräuterdestillat. Heute wird der überwiegende Teil des Absinthe aus dem Val-de-Travers mit 50 – 55%vol. oder vereinzelt mit rund 70%vol. angeboten, die meist auf dem warmen Weg hergestellt werden. Die Herstellung auf kaltem Weg ist von geringerer Qualität.

Destillationsapparat, Absinthe-Tage Solothurn 2006

Warmer Weg (Destillation)

In einem Destillierapparat (französisch Alambic) werden diverse Pflanzenmaterialien und Alkohol erst erhitzt, zum Verdampfen gebracht und anschliessend nach der Abkühlung wieder aufgefangen. Die Destillation beruht auf den unterschiedlichen Siedepunkten von Flüssigkeiten, die stoffspezifisch sind und auf der unterschiedlichen Zusammensetzung des Gemisches im flüssigen und im dampfförmigen Zustand basieren.

Kalter Weg (Ansetzen mit Essenz)

Bei der sogenannten kalten Herstellung werden reinem Neutralalkohol Essenzen (Kräuterauszüge), Tinkturen oder ätherische Öle zugesetzt. Essenzen und Tinkturen sind Mischungen aus Ölen und Alkohol, reine ätherische Öle werden durch Destillation oder Extraktion gewonnen. Die kalte Methode wurde während der Prohibitionszeit vermehrt verwendet, um eine geruchsneutrale Herstellung zu erzielen und um die starken Dämpfe, die beim Destillieren entstehen, zu vermeiden. Man wusste sich aber auch auf andere Weise zu helfen: So wurden sogar Autoreifen angezündet, deren starker Brandgeruch alles andere übertünchte ...

Schnellverfahren

Wenn manche Frauen, die früher neben dem Kochen auch für die Absinthe-Herstellung zuständig waren, nicht genügend Zeit für eine Destillation hatten, wurde mit dieser einfacheren Methode auch im Topf auf dem Herd sogenannter Absinthe hergestellt.

Dabei wurde versucht, ein Gemisch herzustellen, das mit damals käuflich zu erwerbender Absinthe-Essenz oder mit Absinthe-Öl und unter Zugabe von fertigem Anisschnaps an Absinthe erinnern sollte. Im 19. Jahrhundert war diese Eigenherstellung von Absinthe sehr beliebt. Diese Methode erreicht jedoch niemals die gleiche Qualität wie die der beschriebenen Destillation.

Tradition der Herstellung

Es lassen sich zwei Sorten Absinthe unterscheiden. Der klare «Absinthe blanche», der erst unter Zugabe von Wasser seine typische milchig-bläuliche Farbe annimmt, erhält durch diesen Effekt seinen Namen «La Bleue». Den «Absinthe verte» hingegen gewinnt man, indem der klare Absinthe durch Zugabe von stark chlorophyllhaltigen Pflanzen bei einem weiteren Destillationsdurchlauf leicht grünlich-gelblich wird. Sobald dieser mit Wasser in Berührung kommt, entsteht die milchig-grünliche Färbung, die ihm den Namen «La Fee Verte» gegeben hat.

Gezuckerte Varianten werden als Absinthe-Likör in den Handel gebracht. Traditionell wird zunächst ein grünlich-braunes, bitteres Mazerat aus Wermut und anderen getrockneten Kräuter wie Anis, Fenchel, Melisse usw. hergestellt. Bei dessen anschliessender Destillation werden bereits die Bitterstoffe, die nicht in das Destillat übertreten, entfernt. Das klare Destillat wird nochmals mit Kräutern wie dem kleinen Wermut (Artemisia Pontica), Ysop und Melisse versetzt, um das für die typisch zart-grünliche Farbgebung zuständige Chlorophyll und weitere Aromastoffe zu extrahieren, sowie einen milden Bittergeschmack zu erzeugen. Ein traditionell hergestellter Absinthe ohne künstliche Farbstoffe zeichnet sich durch seine klare oder nur blass-grüne bis leicht gelbliche Farbe aus, da das Chlorophyll sich durch Licht und Wärme denaturiert. Für die geschmackliche Abrundung und Farbgebung werden Anis, Sternanis, Zitronenmelisse, Melisse, Fenchel, Ysop, Wacholder, Muskat, Kamille, Ehrenpreis (Veronica officinalis), Kalmus, Koriander oder Petersilie zugesetzt. Je nach Rezept kann diese Kombination stark variieren. Jedes Land hat seine eigenen Variationen entwickelt: z.B. die Schweiz mit Melisse, Ysop und Engelwurz, Frankreich mit Koriander (aber heute meist ohne den nur beschränkt erlaubten Fenchel) und Tschechien mit Pfefferminze, aber oft ohne Anis und Fenchel.

Im 19. Jahrhundert wurde die ursprünglich nur schwache Färbung durch teils sehr gesundheitsschädliche Zusatzstoffe wie Kupfersulfat, Kupferacetat, Anilingrün, Indigo, aber auch Kurkuma oder Spinat-Extrakte verstärkt. Um den Louche-Effekt auch bei minderwertigen Produkten zu erzeugen, wurde auch vor Verfälschung mit Antimonchlorid nicht zurückgeschreckt.

Der durchdringende Bittergeschmack des Wermuts wurde genutzt, um sogar ungeniessbare Mischungen aus Methanol und Fuselalkoholen trinkbar zu machen. Der bei legalen Alkohol-Destillateuren anfallende Vor- und Nachlauf wurde von illegalen Absinthe-Herstellern aufgekauft und als Hauptkomponente zu minderwertigem Absinthe weiterverarbeitet, was bei starkem Konsum zu Gesundheitsschädigungen führen konnte.

Alter Absinthe-Trocknungsspeicher in Boveresse, 2006

Herstellung heute

Heute werden die Absinthe-Rezepte als Geheimnisse wohl gehütet. Durch die Vermeidung von künstlichen Farbstoffen beim Schweizer Absinthe ist die Farbe entweder klar, grünlich oder leicht gelblich. Vor allem der Schweizer Alpenwermut und insbesondere der aus dem Val-de-Travers werden wegen ihrer Aromastärke geschätzt. Das oft leicht neblig feuchte Klima im Val-de-Travers sowie die positive energetische Ausstrahlung dieser Region bringen besonders grosse und kräftige Pflanzen von aussergewöhnlichem Aroma hervor. Aber auch das Trocknungsverfahren hat einen erheblichen Einfluss auf die Qualität der ätherischen Öle der Pflanzen. Ein optimales Ergebnis ohne Beeinträchtigung des Wermut-Öls wird nur durch richtige Lüftung bei Raumtemperatur erzielt, die nicht (wie z.B. in Spanien), künstlich auf 35° C oder mehr erhitzt werden darf. Die klimatische Kombination aus Wärme und ausreichend Feuchtigkeit im Val-de-Travers bietet auch dafür ideale Bedingungen.

Was heute mit starker Farbe von Grün über Blau bis Rot als Absinthe daherkommt, wird mit chemischen Farbstoffen versetzt. Viele Produkte werden heute durch Mischen von Ethylalkohol aus landwirtschaftlicher Erzeugung mit zugekauften Extrakten von Wermut und anderen Kräutern hergestellt. Die oft extrem starke Grünfärbung ist auf künstliche Farbstoff-Kombinationen aus Tartrazin (E102) und Patentblau V (E131) oder Brillantblau FCF (E133) zurückzuführen. Einige Erzeugnisse enthalten gar keine Kräuterauszüge und werden allein durch künstliche Aromatisierung und Färbung von Ethylalkohol hergestellt.
Teilweise werden die mazerierten (luftdicht eingeweichten) Kräuter nicht mehr destilliert, sondern die Auszüge nach der Filtration direkt auf Trinkstärke eingestellt und abgefüllt. Diese Absinthes zeichnen sich durch einen stark ausgeprägten Wermut-Geschmack und eine sehr starke, fast unangenehme Bitternote aus. Eine weitere Verfälschungsmöglichkeit ist der Zusatz von Extrakten anderer thujonhaltiger Pflanzen, wie Thuja occidentalis oder Salvia officinalis (LACHENMEIER 2004).

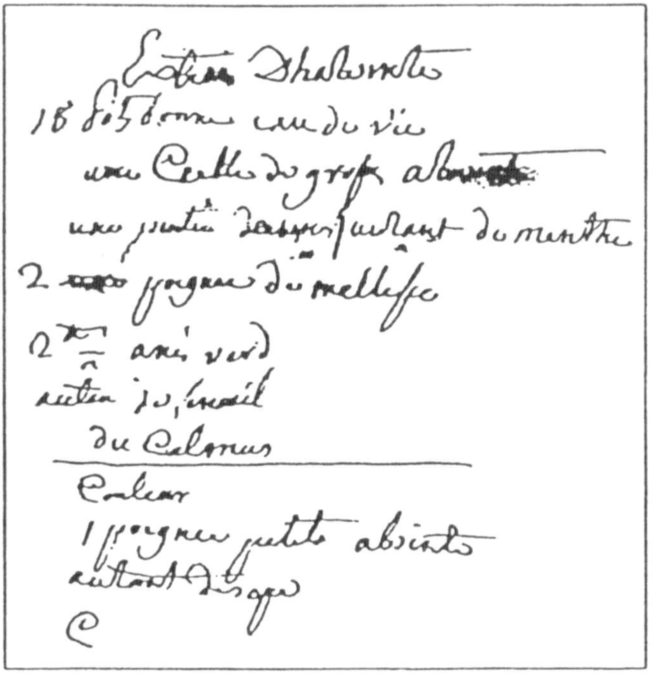

Erstes Absinthe-Rezept, von Abraham Louis Pernod, 1794 oder 1797

Absinthe-Rezepte

Original-Rezepte aus dem Val-de-Travers

6.5 Liter Alkohol
6 Liter Wasser
700 gr. Anis
400 gr. Fenchel
35 gr. Grosser Absinthe
5 gr. Kleiner Absinthe
5 gr. Ysop
5 gr. Melisse
11 gr. Engelwurz
25 gr. Süssholz
15 Körner Koriander
1 Handvoll Stern-Anis
1 Handvoll Pfefferminze

ergibt 11 Liter Absinthe mit einem Alkohol-Volumen von 54%

Dieses Rezept wurde vermittelt von Francis Martin, Travers (Neuenburg, CH)

Pierre-André Delachaux beschreibt in «Briefe an einen Absinthetrinker» folgendes Rezept:

«Ich habe dir ein Rezept versprochen. Hier ist es. Es stammt vom seligen Georges Matthey-Claudet, einem echten ‚Widerständler', wie sie im Val-de-Travers noch heute vorkommen, ein Schmied aus Môtiers mit einer üppigen roten Mähne, Spezialist für verbotene Destillierapparate und die Grüne Fee. Seine Tochter hat es mir anvertraut:

In einen Destillierapparat von 60 Litern gebe man

15 Liter reinen Alkohol von 95%,

25 Liter Wasser.

Die «Blanquette» des vorherigen Brennens (etwa 1 Liter) dazugeben

3 Handvoll «grosse» Absinthepflanze

2 Handvoll «kleine» Absinthepflanze

2 kg Anis

1 kg Fenchel

1 Handvoll Ysop

1 Handvoll Melisse

1 Handvoll Pfefferminze

Madame Matthey-Claudet ruft die Erinnerung an die Fabrikationsgeheimnisse ihres Vaters wach: ‚Am Anfang des Destillierens riecht es sehr stark nach Alkohol. Am Ende sind die Gerüche abwechslungsreicher. In dem Augenblick muss man sehr aufpassen und die ‚Blanquette' dauernd kosten, die weiss ist, weil der Alkohol schnell abnimmt. Sobald sie Gefahr läuft, Katechugeschmack* anzunehmen (wie ein Hustenbonbon), muss man den Behälter wegziehen, aber einen anderen unter den Kühlapparat schieben, um weiterhin den ganzen verbleibenden Alkohol zu destillieren, weil dieser Nachgeschmack für das nächste Brennen unerlässlich ist und ihm sein volles, harmonisches und samtiges Bouquet gibt.

Mein Vater färbte seinen Absinthe nach einer originellen Methode. Aus dem Destillierapparat floss er in einen grossen Glasballon durch einen Trichter, den er mit Absinthepflanzen, Melisse und Ysop gefüllt hatte. Das war eine Färbung ‚auf alte Art', die andere Destillateure durch eine chemische ersetzt hatten. Der Absinthe verdiente dann wirklich seinen Namen ‚Grüne Fee'».

*Die Gerber-Akazie (Acacia catechu), manchmal auch Katechu-Akazie oder nur Katechu genannt, ist eine in Südasien beheimatete kleine Art der Gattung der Akazien.

Plakat Absinthe Parisienne (Kollektion Marie-Claude Delahaye)

142. Compositae.
13. Artemisiae.
XIX, 2.
587. Artemisia Absinthium L.
Wermuth.

Die wichtigsten Inhaltsstoffe

Grosser Wermut – Grande Absinthe *Artemisia absinthium*

Wird im Val-de-Travers kultiviert. Bitter in Geruch und Geschmack. Stärkend, anregend, entwurmend (engl. Wormwood), regt die Magensäfte an. Gegen Schwellungen, Quetschungen und depressive Verstimmungen.

Kleiner Wermut – Petite Absinthe *Artemisia pontica*

Wird im Val-de-Travers kultiviert. Lieblicher als der Grosse Wermut. Wird hauptsächlich zur Färbung des Absinthe eingesetzt.

Ysop *Hyssopus officinalis*

Wird im Val-de-Travers kultiviert, wächst in Südfrankreich wild, aber auch in Mittel- und Osteuropa. Leicht kampferartiger, herber Geschmack. Schleimlösend bei Lungenerkrankungen, schweissmindernd. Wird zur Färbung des Absinthe genutzt.

Melisse *Melisse officinalis*

Wird im Val-de-Travers kultiviert. Angenehm würzig-aromatisch. Beruhigende Wirkung bei nervlicher Belastung und psychovegetativen Herzbeschwerden. Gegen Migräne, Lustlosigkeit, Magenschwäche, Krämpfe und Herpes-simplex.

Pfefferminze *Mentha piperita*

Wird im Val-de-Travers kultiviert. Charakteristisch-intensiv, würzig-aromatisch und kühlend. Bei Magen-Darmbeschwerden, Blähungen. Entspannende Wirkung.

Anis *Pimpinella anisum*

Aus dem östlichen Mittelmeergebiet und Westasien. Süsslich-aromatisch. Schleim- und krampflösend, entzündungshemmend, antibakteriell, gegen Krämpfe und Blähungen. Aphrodisierende Wirkung.

Sternanis *Illicium verum*

Ursprünglich in Südchina und Nordvietnam heimisch. Geruch ähnelt Anis, brennend würziger Geschmack. In der chinesischen Medizin gegen Rheumatismus eingesetzt. Hilft auch bei Zahnschmerzen.

Fenchel *Foeniculum vulgare*

Stammt aus dem Mittelmeerraum. Eigenartig kräftiger Geruch, Geschmack erst bitter, dann süss und kampferähnlich. Magen stärkend, verdauungsfördernd und krampflösend.

Angelikawurzel *Angelica archangelice*

Ist in den gemässigten Regionen Westeuropas bis zum Himalaya und Sibirien heimisch. Stark würziger Geruch, Geschmack zunächst aromatisch, dann bitterscharf. Regt den Appetit an und wirkt gegen Entzündungen und Mikroben.

Koriander *Coriandrum sativum*

Wächst in Südeuropa und Westasien. Würzig-aromatisch. Lindert Gastritis. Gegen Durchfall und Wurmbefall. Wirkt krampflösend und antirheumatisch.

Süssholz *Glycyrrhiza glabra (Lakritze)*

Kommt hauptsächlich in Mitteleuropa vor, sowie in Asien, Australien und dem amerikanischen Kontinent. Früher Nahrung in Notzeiten. Würze zu allerlei Speisen. Medizinisch gegen Katarrhe der oberen Luftwege, bei Gastritis und Magengeschwüren eingesetzt, beliebt als Nikotinentzug.

Wald-Ehrenpreis *Veronica officinalis*

In Europa, Nordamerika und Nordasien verbreitet; bei Konsum der rohen Blütenköpfe kann es zu halluzinogenen Wirkungen kommen. Speziell der Wald-Ehrenpreis, auch Echter Ehrenpreis genannt, wird als Naturheilmittel zur äusseren und inneren Anwendung eingesetzt.

Rainfarn *Tanacetum vulgare* oder *Chrysanthemum vulgare*

Rainfarn gedeiht auf nährstoffreichen, sandigen Ton- und Lehmböden, von Europa bis Nordasien und Nordamerika. Die ganze Pflanze enthält stark riechende ätherische Öle (Kampfer, Borneol, Thujon) und Bitterstoffe. Früher als Heilpflanze, unter anderem als Wurmmittel, verwendet.

Postkarte «L'Heure Verte», 1893 (Kollektion David Nathan-Maister)

Etikette der Firma Pernot SA Couvet, 1897
(Kollektion François Bezençon)

Historische Übersicht der Absinthe-Geschichte

1769	Erste Erwähnung des ‚Extrait de l'Absinthe' in einer Zeitungsannonce in Neuenburg
1794/97	Erstes Absinthe-Rezept im Tagebuch aus dem Jahre 1794 von Abram-Louis Pernod (1735-1811) mit einem Eintrag vom 25.12.1797 seines Sohnes Henri-Louis (1775-1851), aufbwahrt im Staatsarchiv Neuenburg
1797/98	Beginn der ersten Destillerie in Couvet durch Major Daniel-Henri Dubied (1758-1841) und seinem Schwiegersohn Henri-Louis Pernod, nachdem das Rezept von «mère» Henriod, einer heilkundigen Frau aus Couvet, erworben wurde.
1805	Erste industrielle Distillerie in Pontarlier durch Henri-Louis Pernod, unter dem Namen «Pernod Fils»
1844 – 47	Algerienkrieg, bei dem die französischen Truppen den Absinthe kennen und lieben lernten und nach ihrer Rückkehr den Absinthe in den Pariser Bars und Bistros salonfähig machten.
ab 1850	Aufstieg der Absinthe-Kultur in den Bohème-Kreisen, namhafte Künstler und Literaten widmeten sich dem Absinthe und verewigten ihn in literarischen Texten und Bildern.
1859	Manet malt den «Absinthe-Trinker»
ab 1870	Reblausplage, die den Wein dezimierte und dem Absinthe erst einen weiteren Vorsprung verschaffte, der in der Folge aber durch die Verwendung von Industriealkohol zunehmend in Verruf geriet.

29.2.1872	Untergang des Schiffes «Marie-Thérèse» vor Jakarta mit 500 Flaschen Absinthe an Bord – 1991 wieder geborgen und damit kehrte eine Flasche zurück ins Val-de-Travers – leider leer ...
1876	Degas malt das Bild «L'Absinthe»
um 1900	Der Widerstand gegenüber Absinthe wird zunehmend grösser, der sogenannte «Absinthismus» erschreckt die Bevölkerung, erste Verbote werden ausgesprochen.
1905	- Verbot in Belgien (1898 bereits in der belgischen Kolonie Kongo) - Verbrechen von Commugny (Waadtland/Schweiz), bei dem ein Familienvater im Alkoholrausch seine Familie ermordete: Dies wurde dem Absinthe zugeschoben und emotional für die Abstimmung in der Schweiz verwendet.
1907	Einreichung der Initiative gegen den Absinthe in der Schweiz mit 167'814 Unterschriften
5.7.1908	Abstimmung in der Schweiz: Mit 63% der Stimmen wurde Absinthe verboten (nur die Kantone Genf und Neuenburg waren gegen ein Verbot).
1908	Verbot in Holland
7.10.1910	Messieurs, Dames – c'est l'heure: Definitive Inkraftsetzung des Verbotes in der Schweiz
1912	- Verbot in den USA - Absinthe-Verbrauch in Frankreich: 220 Millionen Liter
1913	Verbot in Italien und in Brasilien
1915	Verbot in Frankreich

27.4.1923	Verbot in Deutschland, im selben Jahr auch in Österreich
1930	Verbot in der (ehem.) Tschechoslowakei
ca. 1960	Grössere Repressionswelle im Val-de-Travers mit einigen Verhaftungen
1981	Das Absinthegesetz wird in Deutschland ausser Kraft gesetzt, durch die Aromaverordnung bleibt der Absinthe trotzdem verboten.
1983	Präsident Mitterand wird anlässlich eines Staatsbesuches in Neuenburg ein Absinthe-Soufflé serviert, mit anschliessendem kleinen Politskandal.
1984	Erste politische Versuche, den Absinthe wieder zu legalisieren in der Schweiz (Motion im Neuenburger Grossen Rat, mit knapp 2 Stimmen unterlegen)
29.10.1991	Zulassung eines reglementierten Thujongehalts in Lebensmitteln in der EU (Richtlinie 88/388/EWG vom 22. Juni 1988)
1994	Motion zur Legalisierung des Absinthes in der Schweiz des Freiburgers Nationalrates B. Rohrbasser wird abgelehnt (eingereicht 17.12.93)
1998	Absinthe-Herstellung und -Einfuhr werden in der EU wieder zugelassen (Anpassung der Aromaverordnung bis max. 35mg/kg Thujongehalt).
2002	Ausstellung über Absinthe anlässlich der EXPO in Neuenburg/Schweiz; Einreichung der parlamentarischen Initiative «die gesetzlichen Beschränkungen der Herstellung und Vermarktung von Absinthe zu beseitigen» durch den freisinnigen Jean-Claude Cornu, Fribourg/Schweiz

14.6 2004 Debatte im Nationalrat mit anschliessender Zustimmung für die Legalisierung des Absinthe – am gleichen Tag wird eine Gesetzesrevision u.a. zur Legalisierung des Hanfes abgelehnt

1.3.2005 Vollständige Legalisierung auch in der Schweiz

30.9.2005 Eröffnung der ersten Absinthe-Bar in der Schweiz (Die Grüne Fee in Solothurn)

In Europa wurde in folgenden Länder nie ein Absinthe-Verbot erlassen:

- Spanien
- Portugal
- Dänemark
- England (Thujon wurde auf 10mg/kg beschränkt)

In einigen Ländern bestehen immer noch Beschränkungen und sogar Verbote: Im «freien» Amerika ist Absinthe nach wie vor verboten, und Japan legt den Thujongehalt noch immer auf maximal 10mg/kg fest. In Frankreich darf das Wort Absinthe nicht auf der Flasche stehen, und lediglich 5mg/kg Fenchel sowie 20mg/kg Ysop sind erlaubt – eine verständliche Erklärung dazu fehlt aber.

«Brief Encounter» nach Degas' «L'Absinthe»
Peter Brookes, 1994 (Kollektion Benoîr Noël)

Typisches Absinthe-Ritual mit Fontaine

«Der Aperitif der Widerspenstigen», 1998
© Claude-Alain Kleiner und Assocation Région Val-de-Travers

Volkstümliche und subversive Namen für Absinthe

Roger Liggenstorfer

Der bekannteste volkstümliche Name für Absinthe ist bestimmt «Die Grüne Fee», deren Herkunft jedoch ebenso unklar ist wie so manch anderer Name. Viele dieser Synonyme sind in der Hochblüte der Absinthe-Kultur im 19. Jahrhundert entstanden. In der Zeit des Verbotes, als clandestine Destillateure insbesondere in der «République Autonome du Val-de-Travers» (wie das einige Aktivisten zum 150-jährigen Jubiläum der Zugehörigkeit von Neuenburg zur Schweiz proklamiert hatten, nicht ohne dafür auch gebüsst zu haben ...), sind viele originelle Namen dazugekommen. Dieses Tal, das mit Humor als Waffe des Widerstandes und mit der eigenen jurassischen Schlitzohrigkeit über Jahrzehnte die Absinthe-Kultur im Untergrund weiterführte, brachte auch ein subversives ABC des Absinthe hervor:

A = Absinthe
B = Braconnage (Wildern)
C = Contrebande (Schmuggeln) *

Die Resistenten dieses Tales, die sich gerne als die unbeugsamen Gallier Asterix und Obelix sehen, (die das Geheimnis des Zaubertranks vor den Römern beschützen), befürchten den Verlust dieses Mysteriums, das ebenso als Zeichen des Widerstandes verstanden wurde. Als Ausdruck von Freiheit und Unabhängigkeit förderte diese Auflehnung gegenüber «Bern» auch die Solidarität unter den Bewohnern des Tales. Der Reiz des Verbotenen ist mittlerweile verschwunden – die Schwarzbrenner, die als «Volkshelden» galten, werden integriert und müssen nun mit der «Régie» (der Alkoholverwaltung) zusammenarbeiten. Eine kleine Anzahl clandestiner Destillateure widersetzt sich dem aber nach wie vor.

*Gemäss dem Neuenburger Lehrer Jaques Steudler, im Film «Absinthe – eine Schweizer Schnapsidee» (Bosshart 1999)

Die diversen Namen für Absinthe:

Absainte, Absynthe, Absomphe, Absente, Absinthyum, Bitter du Jura, Blanche laverte, Bourgknechtine*, Eau de fée (Feenwasser) Eau de Mère (das Wasser der Mutter), Gletscherwasser, Grüne Fee, Grüne Gefahr, Grüner Dämon, Grüne Muse, Jules' Ziegenmilch, Juramilch, La Bleue (die Blaue), Lait (Milch) de Boveresse, La Fée Verte (Grüne Fee), L'Apéro, La Purée (die Suppe), La Verte (die Grüne), Le Perroquet (der Papagei), Mon Pêché Mignon (meine niedliche Sünde), Petit Père (kleiner Vater), Petit Pernod (kleiner Pernod), Purée des Bois (Erbsensuppe), Schweizertee, Superbleue, Tee von Boveresse, un Caillé (eine dicke Milch), un Douanier (ein Zöllner), une Perruche (ein Papageienweibchen), une P'tite (eine Kleine), Vreneli bleue.

Aus der Zeit, als minderwertiger Absinthe mit Kupfersulfat üblich war:
Vert-de-gris (Grünspan), Sulfat de Cuivre (Kupfersulfat), un Bain Sulfureux (ein schwefelhaltiges Bad), un Sulfureux (ein Schwefelhaltiger)

Weitere Namen, deren Ursprung und Übersetzung unbekannt sind:
Couechte, Coueste, une Tiafe, Zézette

Absinthe hält Einzug in die Französische Sprache

Wenn sich eine Sache sehr grosser Beliebtheit erfreut, so entwickelt sich in der betreffenden Szene schnell ein bestimmter Slang, und einige Wörter halten sogar im alltäglichen Sprachgebrauch Einzug. So sagte man in Frankreich, wenn man einen Absinthe trinken ging, «faire son absinthe» (den Absinthe machen), «battre l´absinthe» (den Absinthe schlagen), «tonner l´absinthe» (den Absinthe in Staunen versetzen), «faire l´absinthe la hussard» (den Absinthe nach Husarenart zubereiten, also auf die russische Trinkweise). Je nachdem, wie viel Wasser man in den Absinthe goss, hiess es «faire une pure» (Absinthe und Wasser zu gleichen Teilen) oder «faire une pure bien tasse» (Absinthe mit wenig Wasser). Wenn der Absinthe ins Wasser oder über Eis gegossen wurde, hiess es «frapper son absinthe» (den Absinthe erschrecken) oder «tremper son absinthe» (den Absinthe erzittern lassen). Und auch ein neues Verb bürgerte sich in die Französische Sprache ein: «sabsinther» (Absinthe trinken) (Krebs 2004).

*Zu Ehren des Bundesrates Bourgknecht, der z.Zt. der grossen Razzien in den 60er Jahren Chef des Polizei-Departementes war ...

Bibliographie

Adams, Jad

2004 Hideous Absinthe: A history of the Devil in a bottle, London

Arnold, W.N.

1989 Absinthe. Scientific American, No. 260

Bielenberg, Jens

o.J. Zentralnervöse Effekte durch Thujon, Die grüne Fee, Westerhorn

Bosshart, Bruno

1999 Absinthe – Eine Schweizer Schnapsidee, Dok-Sendung, SF DRS

Castillo, del J., Anderson M., Rubottom G.M.

1975 Marijuana, Absinthe and the central nervous system. Nature No. 253

Collège du Val-de-Travers

1999 Balade au Val-de-Travers, Auvernier

Conrad, Barnaby III

1988 Absinthe – History in a Bottle, San Francisco

Cousto, Hans

2005 PR-Erklärung: Absinth jetzt auch in der Schweiz wieder legal www.eve-rave.net/abfahrer/presse/presse05-03-01.html

Delachaux, Pierre-André

1997 L'Absinthe au Val-de-Travers: Recherches sur ses Origines, Neuenburg
1997 Les années vertes ou la fée au fond du verre, Neuenburg
2002 Briefe an einen Absinthe-Trinker, Lausanne

Delahaye, Marie-Claude

1983 L'Absinthe, histoire de la Fée verte, Paris
1989 L'Absinthe, art et histoire, Paris
1999 Absinthe, muse des peintres, Paris (co-auteur: Benoît Noël)
2000 L'Absinthe, Les Cuilleres, Auvers-sur-Oise
2001 L'Absinthe, son Histoire, Auvers-sur-Oise
2003 L'Absinthe, Les Affiches, Auvers-sur-Oise

Di Falco, Daniel

2002 Der Aperitif der Widerspenstigen, Der Bund, 3.9.2002 www.ebund.ch

Emmert, Joachim

2003 Absinth-Analytik, www.emmert-analytik.de

Erb, Annette

2003 Die grüne Fee, Bay. Julius-Max.-Universität, Seminararbeit, Würzburg

Giger, Nicolas et Nusslé, Eric

2002 Catalogue de la Fête de l'Absinthe, Boveresse

Giger, Nicolas

2003 Catalogue de la Fête de l'Absinthe, Boveresse

2004 dito.

Gendraud, Didier

2002 Une si longue absence – le retour de l'absinthe, Besan

Huckenbeck, Wolfgang

2001 Absinth – Ein neues Spielzeug für die Spassgesellschaft, Uni Düsseldorf

Klauser Eric-Andre

1998 Catalogue de la Fête de l'Absinthe, Boveresse

1999 dito.

2000 dito.

2001 dito.

o.J. Appellation d'origine contrôlée AOC ‚Absinthe', Dossier Historique

Krebs, Catharina

2004 Absinthe – die Muse der anderen Art, www.absinthe-order.com

Lachenmeier D.W.,

2004 Absinthe – ein Getränk kommt wieder in Mode: toxikologisch-analytische und lebensmittelrechtliche Bewertungen, Deutsche Lebensmittelrundschau, 100. Jahrgang, Heft 4,

2006 Thujon – Ursache des Absinthismus?, Karlsruhe, http://www.dirk-lachenmeier.de/P11_Absinth_Mosbach.PDF

2006 War Absinth wirklich giftig?, Karlsruhe, http://www.getcited.org/pub/103424215

Meyer, Hermann T.

2000 Alkoholpolitik, Dossier Absinthe, Effretikon http://www.alkoholpolitik.ch/dossiers/absin_ue.htm

Nitsche, Diana

2005 Absinth – Medizin- und Kulturgeschichte einer Genussdroge, Dissertation, Ruprecht-Karls-Universität, Heidelberg

Noël, Benoît
2000 un Mythe toujours vert, Paris
2001 L'Absinthe perd nos Fils, Montolivet
2001 L'Absinthe – Une fée franco-suisse, Yens sur Morges
2003 Nouvelle Confidences sur l'Absinthe, Yens sur Morges
2005 La Rebuveuse d'absinthe, Saint-Marguerite des Loges
2006 A comme Absinthe – Z comme Zola, Saint-Marguerite des Loges

Noël, Benoît; Verte, Peter; Artemis
2003 Absinthe – A Myth Always Green, Paris

Piane, Emanuelle delle
2002 Voyage au Pays des fées, Yens sur Morges

Rätsch, Christian
1998 Enzyklopädie der psychoaktiven Pflanzen, Aarau
1998 «Die grüne Fee» Absinthe Suisse, in:
Hrsg. Liggenstorfer, R.; Rätsch, Ch.; Tschudin A.; Die berauschte Schweiz, Solothurn

SFA Schweizerische Fachstelle für Alkohol- und andere Drogenprobleme
2005 Zeitschrift Standpunkte 3/05, Die Absinthe-Welle, www.sfa-ispa.ch
– Die Halluzination vom flüssigen Joint
– Die Aufhebung des Absinthe-Verbotes

Steiner, Pascale
2003 Wermut – Artemisia absinthum – Geschichten und Mythos in Bildern; in: Beck, Charlotte et al:
Pfefferland – Geschichten aus der Welt der Gewürze, Wuppertal

Strindberg, A.
1914 Inferno, München

Surya, G.W.
1960 Die verborgenen Heilkräfte der Pflanzen, 6. Auflage, Freiburg i. Br.

Werner, Helmut
2002 Absinth. Die grüne Wunderfee, München

Zimmerer, E.M.
1896 Kräutersegen, Donauswörth

Eidgenossische Abstimmung

5 Juillet 1908

Kantner

Wærti Eidgenosse!
Wærti Mitbürger vo alle Kantœn, vo alle Farbe!

Wäge ne Paar überspannte Kärli isch z'letschti Jahr z'Genf es Gsetz gäge s'Absinth ufcho. Es G'setz über das sich en jede wahre, freie Schwyzer schäme muss. Jetzt glaube da die donners Stündeler sie chönne e so es Verbot i der ganze Schwyz durbringe. Was würde ächt üsi älte Freiheitskämpfer wie Tell, Winkelried, wie die Helde vo Morgarte, Sempach, Laupe, Murte, u. s. w. g'seit ha, wenn me ihne g'seit hätti sie dörfit numme Milch und Chrütliwasser trinke. Ja und zu dem wird's cho wenn ihr ech fange löit ihr liebe Lüt und's Absinth verbiete weit i üser liebe, alte Schwyz. Nit numme en jede Schnabs will men ech raube, aber mit der Zit, au der Wi und sogar s'Bier.

Sie säge zwar, die Schienheilige es sei nit wahr, aber druckt hei mer's g'funde, schwarz uf wis, im B'richt vo de Alt-Gut-Templer Site 28. Da seit der Dr Herco vo Lausanne ganz dütli : Der Verbot des Absinthes wird nur einen ganz schwachen Effekt haben auf den Alkoolismus im allgemeinen. Wir trachten für eine fernere Zukunft die Abschaffung aller alkoolischer Getränke, Wein u. Bier inbegriffen. Es ist aber ein Anfang....

Ja, ja ihr Schlicher, so schnell geit's de doch no nit und um ja sicher z'si dass ihr nit zu euem Zil chömet wei mer Euch g'rad zum Anfang en Rigel stecke. Was würdet ihr säge, wenn wir chäme und Euch der Thee und's Bäte verbiete würdet. Sorget doch amal z'erst be euch une löit üs in Ruh denn geit alles guet; bis jetzt isch es immer schlecht g'gange wo ihr ech d'ri g'mischt heit.

Und de isch no en ganz wichtigeri Sach, die grosse Mörder, Ravaillac, Casério, u. s. w. hei die es Mal es Glas Absinth g'ha? NIEMALS. Nei ihr Frömmler, ihr Schinheilige, d's Absinth, het i de Familie und uf der Welt no lang nit so viel Unfride und Unglück g'stiftet wie das Gift das ihr scho all'ne Orte higeuferet heit, wo me euch gar net erwartet und nie gwünscht het, Im Gegeteil überall wo ihr g'si sit und a chli Meister worde sit, möcht me euch gärn los si und ech be all'ne Tüf'le g'seh.

Ja machet nume das ihr zum Tüfel chömet mit Euem Thee, dört blibt er wenigstens immer warm, wir aber zum Absinth bruche chalts Wasser, wiess üs der Hergott g'gäh het.

Also Ihr liebe Eidgenosse standet alli uf, wie ei Ma und stimmet am Suntig mit

eme chräftige **NEI**

wenn ihr sicher si weit in spätere Jahre nit nume Absinth sonder au gmüetli es Schöppli Wi oder en frische Schoppe Bier drinke z'chönne, und wäm das nit passt dä soll wäge mine in es anders Land ga luege ob er mit Thee und Zuckerwasser witers chonnt.

Guguss' et Polyte

Wir aber wir stimme **NEI** und no einisch **NEI** nit nume für s'Absinth, aber für üsi Freiheit, und wei mer Manne sind und sälber wüsset wie mer üs z'halte hei.

Wäge n'ä Paar Süffle wei wi üs nit alli strafe, wir went üs no läbe la, wie wir's fuer guet finde.

Zum Schluss drinke wir en chräftige Schluck, sig's Absinth, Vermuth, Wie oder Bier, en Schluck uf's allgemeine Wohl, en

Plakat im Schweizer Abstimmungskampf, 1908, Satiremagazin «Guguss»

Wichtige Links und Adressen der Museen

www.absinthe.ch *Seite der Region des Val-de-Travers und des Absinthe-Festes in Boveresse (findet seit 1998 jährlich jeweils im Juni statt), mit Links zu den Destillateuren des Val-de-Travers*

www.vdt.ch *Die offizielle Seite vom Touristik-Büro des Val-de-Travers*

www.e-vallon.ch *Das digitale Val-de-Travers*

www.valdetravers.ch *Willkommen im Val-de-Travers*

www.ludivines.ch *Die junge Fee Ludivine nimmt dich mit auf eine Reise durch das Feen-Land des Val-de-Travers ...*

www.alkoholpolitik.ch/dossiers/absin_ue.htm *Dossier Absinthe-Politik Schweiz*

www.diegruenefee.ch *Die erste Absinthe-Bar der Schweiz*

www.admdp.com *Les Absinthiades de Pontarlier (das seit 2001 jährlich stattfindende Absinthe-Fest in Pontarlier)*

www.herbaut.de/bnoel *Die Seite des französischen Absinthe-Kenners und -Autors Benoît Noël mit vielen interessanten Informationen zur Absinthe-Kultur*

www.oxygenee.com *Virtual Absinthe Museum*

Musée régional d'histoire
et d'artisanat du Val-de-Travers
Pierre-André Delachaux (Conservateur)
Maison des Mascarons
14, Grande Rue
CH - 2112 Môtiers
Tél: 032 861 28 22

Espace de l'Absinthe
François Bezençon
CH - 2112 Môtiers
Tél: 032 861 23 18
www.absintherie.ch/elixir_exposition.htm
info@absintherie.ch

Musée Municipal de Pontarlier
2, place d'Arçon
F-25300 Pontarlier
Tél: 03 81 38 82 12
Fax 03 81 38 82 19
www.admdp.com
fherard@admdp.com

Musée de l'Absinthe
Marie-Claude Delahaye (Conservatrice)
44, rue Callé
F-95430 Auvers-sur-Oise
Tél/Fax: 01 30 36 83 26

Restaurant Raisse Fleurier (www.Raisse.ch) Traditioneller Treffpunkt der Absinthe-Liebhaber und Ort der Inspiration für dieses Buch, 2006

Autoren und Herausgeber

Mathias Bröckers
Autor, Journalist, ehemaliger Redakteur der «taz» , schrieb u.a. mit Jack Herer das bahnbrechende Standardwerk «Die Wiederentdeckung der Nutzpflanze Hanf», mit Gerhard Seyfried «Hanf im Glück» und alleine den internationalen Bestseller «Verschwörungen, Verschwörungstheorien und die Geheimnisse des 11.9.»

Chris Heidrich
Architektin, beschäftigt sich mit Kunst, Design und Geomantie. Schlägt mit ihrer gestalterischen Arbeit eine Brücke zwischen Architektur und Kunst. Konzeption und Realisation von diversen Ausstellungen. Mitbegründerin und Designerin der ersten Absinthe-Bar in der Schweiz «Die Grüne Fee» in Solothurn.

Roger Liggenstorfer
Stammt aus einer jurassischen Absinthe-Familie. Buchhändler, Herausgeber diverser Bücher, Gründer des Nachtschatten Verlages, Drogenexperte und Mitbegründer zahlreicher drogenpolitischer und kultureller Aktivitäten. Mitinitiator der Absinthe-Bar «Die Grüne Fee» in Solothurn.

Sergius Golowin
Begnadeter Geschichtenerzähler, Sagensammler und Vermittler von altem überlieferten Volkswissen. Bibliothekar in Bern und bis zu seinem Tod am 17. Juli 2006 freier Schriftsteller. Seine Texte zu diesem Buch brachte er 11 Tage vor seinem Tod in die «Grüne Fee» nach Solothurn, wo er als Absinthe-Liebhaber regelmässiger Gast war. Zur Eröffnung hielt er einen Vortrag zur mythologischen Erscheinung der Fee.

Pierre-André Delachaux
Konservator des Absinthe-Museums in Môtiers (Val-de-Travers) und Herausgeber diverser Bücher zum Thema Absinthe, Spezialist für die Grüne Fee und für die historische Absinthe-Geschichte.

Dank

Wir danken folgenden Personen für die direkte oder indirekte Unterstützung, mit der sie zum Gelingen dieses Buches beigetragen haben:
Unseren Müttern Bernadette Liggenstorfer-Comte, die R.L. wieder an die Absinthe-Kultur erinnert hat und ab und zu einen «Apéro» servierte ... sowie Christa Heidrich, die am Geburtstag von C.H. während unserer Arbeit am Buch verstarb.

Der Dank gilt ganz besonders den Destillateuren und der einzigen Destillatrice des Val-de-Travers, die uns mit ihren Kreationen und alten Rezepten für dieses Buches massgeblich inspirierten: François Bezençon, Käthi und Willy Bovet, Claude-Alain Bugnon, René Jeanjaquet und seiner Frau, Therese und Francis Martin (und für Ihre Gastfreundschaft beim Schreiben dieses Buches), Thierry Guizzardi, Gaudentia und Jean-Michel Persoz, Marco Previtali, Alain Rey; und weiteren Freunden der Absinthe-Kultur aus dem «Tal»: Pierre-André Delachaux, Denise und Jean-Luis Prisi sowie Julien Spacio.

Für ihre Kreativität und konstruktiven Beiträge zum Gelingen dieses Buches geht der Dank herzlichst an folgende Mitmenschen: Sven Sannwald, Christoph Heyn, Barbara Blankart, Nina Seiler, Michael Uhl.

Weitere Unterstützung und Inspirationen bekamen wir von Marco Tandura, Sheila Ross, Peter Fuss, Sergius Golowin, Albert und Anita Hofmann, Jonathan Ott, Gabriella und Lara von Däniken, Claus & Martina, Benoît Noël.

Und wenn wir jemanden vergessen haben sollten, war's keine Absicht!

Sergius Golowin (Hrsg.)

Von Elfenpfeifen und Hexenbier

Magie um unsere Genussmittel

In Mitteleuropa erhielt sich fast bis in die Gegenwart das Wissen um die Rauchkräuter und um das Bierbrauen mit Ingredienzen wie Bilsenkraut. Nach den Volkssagen stammt dieses Wissen von den Feen und Hexen. Sergius Golowin vereinigt in diesem Buch spannende Beiträge unserer Volkskultur.

ISBN 978-3-907080-99-3   108 Seiten   14x20.5 cm   Broschur
SFR 19.80 / € 14.-

Christian Jaberg (Hrsg.)

Absinthe Cocktail Guide

Der Absinthe-Cocktail-Guide ist ein handliches Nachschlage- und Lesebuch mit 100 Cocktail-Rezepten, Vorstellung der Destillateure des Val-de-Travers sowie Zitaten berühmter Bohemiens.

ISBN 978-3-03788-152-1   196 Seiten   A6-Pocket-Format
deutsch/englisch/französisch
SFR 20.- / € 13.-

NACHTSCHATTEN VERLAG AG

Kronengasse 11, CH-4502 Solothurn, Tel: 0041 32 621 89 49, Fax: 0041 32 621 89 47
info@nachtschatten.ch www.nachtschatten.ch

Foto © Sabina Bobst